MEIN MUTBUCH

Ängsten beherzt ins Auge sehen

Steffen Raebricht
& Dr. Martin Krengel

helfen dir,

Ängsten beherzt ins Auge zu sehen und mit dem
Mut-Mindset unbequeme Wege zu wagen.

Zweite, überarbeitete Neuauflage
©2020 Raebricht, Steffen & Krengel, Martin

Herstellung und Verlag:
BoD – Books on Demand, Norderstedt

ISBN: 9783751981200

Kann ich das? (Prolog)

Madelaine ist Studentin mit einem Nebenjob und schreibt gerade an ihrer Bachelorarbeit. Ein Fachbuch verweist auf einen Artikel, den sie gebrauchen kann. Er ist jedoch weder in der Bibliothek noch im Internet zu finden.

Madelaine überlegt, ob sie dem Autor eine E-Mail schreiben soll, um nach dem Artikel zu fragen. Doch der ist ein Professor. Ihr kommen Zweifel. Sie fragt sich:

> *„Darf ich das? Ich kann den doch nicht einfach so anschreiben! Er ist schließlich ein Professor und ich bin nur eine Studentin."*

Ihre Gedanken kreisen – und wenn sie **genau hinspürt,** bemerkt sie im Bauch ein **mulmiges Gefühl.**

Sie hat Angst.

Normalerweise würde ihre Angst sie blockieren: *„Was, wenn der Professor mich zur Schnecke macht?"* Doch sie hat vor kurzem ein interessantes Buch über Mut gelesen, deswegen reagiert sie jetzt ein wenig anders als sonst.

Sie weiß nun besser, was diese Gefühle bedeuten und wie sie sie einordnen kann.

Mit kribbeligem Gefühl schreibt sie eine E-Mail an den Professor. Bevor sie die Anfrage abschickt, reflektiert sie kurz, ob die Formulierungen verständlich sind. Dann drückt sie „SENDEN"!

Direkt danach steigen **zwei neue Gefühle** in ihr auf:

Das eine ist Erleichterung. *„Jippieh! Ich hab's gewagt!"* Das andere ist ein kleines Unwohlsein. Doch seit dem Mut-Buch weiß sie, dass dieses Störgefühl einfach nur eine kognitive Dissonanz ist – ein emotionaler Marker, der zeigt, dass sie etwas Neues getan hat, mit dem sie wenig Erfahrung hat.

Sie atmet tief durch und lässt ihre Gefühle erst mal Gefühle sein. Sie öffnet den Kühlschrank und gönnt sich ein kleines Eis. Als Belohnung dafür, dass sie mutig war.

Happs!

„Mutig sein heißt, Kontakt zu deinem inneren Gefühlsmix UND zu deinen Bedürfnissen herzustellen."

INHALT

Prolog

Wir befinden uns im Dschungel der Bürowelt, wir fahren in den dunklen Wald und beweisen Demut auf einem Vulkan. Bist du dabei?

Wenn du mutig versuchst, über deinen Schatten zu springen, kann es natürlich passieren, dass du stolperst. Was nun? Hier findest du dein Erste-Hilfe-Kit.

Mut TUT gut. Wenn du die Ideen und Konzepte anwendest, wirst du weiterkommen. Hier gibt es ein anleitendes Journal, um zu reflektieren und zu wachsen. Mit E-Mail-Support.

Lesehinweis: Die Kapitel in diesem Buch kannst du separat voneinander lesen. Wenn du es eilig hast, betrachte es als Buffet und nimm dir das, was du gerade brauchst. Aus didaktischen Gründen und als Angebot für selektive Leser wiederholen wir bewusst übers Buch hinweg einige zentrale Kernaussagen.

KAPITEL

WOZU BRAUCHST DU MUT?

... UND WAS IST DAS EIGENTLICH?

Hey,

schön, dass du hier bist!

Lass uns direkt durchstarten ...

Was heißt es, mutig zu sein?

Es gibt zahlreiche Situationen, in denen wohl viele von uns gern eine Extra-Portion Mut hätten:

Nicht mitmachen

Nein sagen

Um Hilfe bitten

Andere enttäuschen

Dir holen, was du haben willst

Deine Meinung vertreten

Sich Normen widersetzen

Entscheidungen treffen

Dich infrage stellen

Dich Neuem stellen

Auf deine Bedürfnisse achten

... dazu kommen andere Herausforderungen, wie z. B. jemand Interessantes/Fremdes anzusprechen oder ... woran denkst du gerade?

Aber was heißt es eigentlich genau, mutig zu sein?

Wir haben unsere Leser gefragt, was sie unter Mut verstehen. Hier sind ein paar Antworten:

- *„Mut haben heißt auch, seinen Weg notfalls ganz allein gegen alle Widerstände zu gehen."*

- *„Mut ist ein Wert, der für Freiheit und Ehrlichkeit steht."*

- „Ich verbinde Mut mit Zielerreichung, Erfolg, Selbstsicherheit und Traumerfüllung."

- „Komfortzone verlassen, persönliche Entwicklung, Risikobereitschaft."

- „Mut ist für mich, mich selber zu lieben. Meinen Platz in der Welt zu erkennen. Meine Prioritäten zu kennen und danach zu leben."

- „Mein Glück nicht von der Meinung anderer abhängig zu machen. Bei mir zu sein. Nein sagen zu können zu meinem Chef / Vater / Schwiegervater."

- „Mut braucht man, um für sich selbst und andere einzustehen und allen Widerständen zum Trotz Veränderungen in Gang zu bringen. Mut steht dafür, dass man von seinen eigenen Werten überzeugt ist, und für Verantwortung sich selbst und anderen gegenüber."

- „Sich neuen Herausforderungen zu stellen, Unsicherheiten aktiv (mutig) zu begegnen."

- „Mut bedeutet für mich, Entscheidungen zu treffen, auch wenn man nicht weiß, wie diese bei anderen ankommen, bzw. wenn man schon weiß, dass man damit auch auf Ablehnung stoßen kann. Das kann ganz unterschiedlich aussehen: für andere einstehen, wenn diese sich nicht wehren können; seine Meinung sagen, auch wenn diese unpopulär ist; ein Leben führen, das andere Menschen nicht verstehen."

- „Ich brauche Mut im Alltag und in der Schule. Vor allem beim Melden und beim Vorzeigen von Hausaufgaben vor der Klasse."

Wir wollen dich hier nicht mit einer wissenschaft-
lichen Abhandlung über Mut und seine Definition
langweilen. Aber anhand der Breite der Ideen über
Mut siehst du: Mut wird in unter-schiedlichsten
Lebenssituationen benötigt und scheint wichtig zu
sein.

Was ist deine Auffassung von Mut? Wozu brauchst
du ihn? Wobei soll er dir (konkret) helfen, auf dein
nächstes Entwicklungs-Niveau zu springen?

Lass diese Fragen schon einmal in dir arbeiten – am
Ende findest du dazu ein paar Übungen. Zunächst
wollen wir eine kurze Bestands-aufnahme mit dir
durchführen …

Selbsttest I:
Wie mutig bist du?

Wie mutig oder mutlos schätzt du dich in folgenden Situationen ein? Bitte antworte spontan, zerdenke sie nicht. Es ist nur ein Schnappschuss, eine Momentaufnahme.

Gib dir selbst Punkte von 1 bis 10:

1 = Minimum. „Ich sehe mich überhaupt nicht als mutig an." (= „Duckmaus-Feeling")

10 = Maximum. „Ich fühle mich mutig wie ein Löwe."

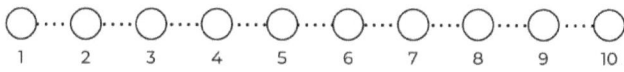

↑ Bin eine totale Duckmaus   Bin ein muterbrobter Löwe ↑

---

1. Was denkst du – ganz allgemein – wie mutig du bist?

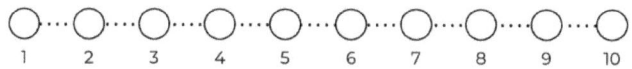

2. Traust du dir zu, dich Neuem zu stellen?

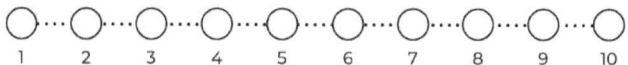

3. Wie gut kannst du deine Meinung vertreten?

○···○···○···○···○···○···○···○···○···○
1   2   3   4   5   6   7   8   9   10

4. Wie gut kannst du Nein sagen (im Beruf)?

○···○···○···○···○···○···○···○···○···○
1   2   3   4   5   6   7   8   9   10

5. Wie gut kannst du Nein sagen (im Privaten)?

○···○···○···○···○···○···○···○···○···○
1   2   3   4   5   6   7   8   9   10

6. Traust du dich, andere um Hilfe zu bitten?

○···○···○···○···○···○···○···○···○···○
1   2   3   4   5   6   7   8   9   10

7. Kannst du dich gut bei anderen entschuldigen?

○···○···○···○···○···○···○···○···○···○
1   2   3   4   5   6   7   8   9   10

8. Traust du dir zu, dich selbst infrage zu stellen?

○···○···○···○···○···○···○···○···○···○
1   2   3   4   5   6   7   8   9   10

9. Wie sehr traust du dir zu, etwas anders zu machen als andere?

○···○···○···○···○···○···○···○···○···○
1   2   3   4   5   6   7   8   9   10

10. Wagst du zu tun, was „endlich mal" getan werden muss?

○···○···○···○···○···○···○···○···○···○
1   2   3   4   5   6   7   8   9   10

11. Traust du dir zu, Leute möglicherweise zu enttäuschen?

○···○···○···○···○···○···○···○···○···○
1   2   3   4   5   6   7   8   9   10

12. Wie gut kannst du dir das holen, was du vom Leben haben möchtest?

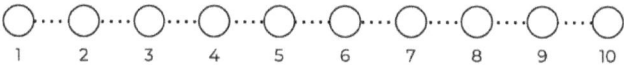

1   2   3   4   5   6   7   8   9   10

13. Wie gut kannst du „nicht mitmachen", wenn Druck auf dich ausgeübt wird?

○···○···○···○···○···○···○···○···○···○
1   2   3   4   5   6   7   8   9   10

Betrachte den Selbsttest als einen Spiegel: Was erkennst du darin?

Schnapp dir nun einen Textmarker! Schwinge ihn über die Selbsttest-Fragen, die in dir am meisten Resonanz auslösen und die dir am interessantesten oder wichtigsten erscheinen. Gibt es dazu eine konkrete Situation, die du nun vor Augen hast und die du ändern möchtest? Wunderbar! Halte dir diese eine Mut-Situation während des Lesens und bei den folgenden Übungen vor Augen!

Die Besonderheiten des Buches

DIE ZENTRALE FRAGE UNSERES BUCHES IST:

Wie kannst du dich mit mehr Mut-Situationen anfreunden und diese besser bewältigen?

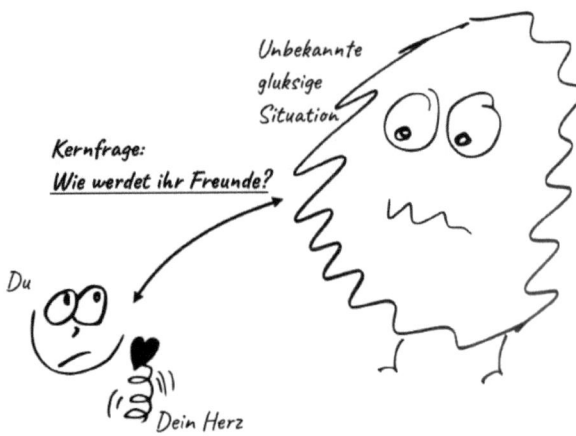

GEFÜHLE IM FOKUS

Um diese Frage zu beantworten, wagen wir uns an ein Thema heran, das gern vermieden wird, weil es schwierig zu greifen ist. Wir schauen dahin, wo es am meisten weh tut. Dorthin, wo es am meisten klemmt: in uns drin! Wenn wir langfristig mutiger und entschiedener werden wollen, müssen wir an uns und unseren Gefühlen arbeiten!

Gefühle sind ein Schlüssel im Leben. Über Gefühle beeinflusst der Organismus Denken und Handeln. Das beste Argument nützt nichts, wenn unsere Gefühle nicht mitspielen. Du kennst das sicherlich aus Situationen, in denen du wusstest, dass du hättest handeln sollen, es aber nicht getan hast. Wenn wir im Leben also vorankommen wollen, hilft es uns, Gefühle zu verstehen und mit ihnen zu arbeiten.

Wir zeigen dir ganz genau, wie das geht. Das wird dir helfen, die Ängste **Schritt für Schritt** weniger werden zu lassen.

30 PROZENT MEHR MUT

Du findest hier keine Zauberformel. Wir sagen ganz klar: Du wirst auch weiterhin Angst haben! Denn sobald dein Gefühlssystem etwas als Gefahrensituation einstuft, wirst du eine kalte Hormondusche abbekommen. Wir wollen mit beiden Füßen auf dem Boden bleiben. Unsere Mission ist, dass du „**30 Prozent mehr Mut**" erlangen kannst. Aber das reicht auch. Wenn du deine ersten Mutproben absolviert hast, kann das eine Wende auslösen. Wir hoffen, dass du Freude am Muthaben entdeckst. So wie wir und viele andere Menschen, die mit uns gearbeitet haben, sie gefunden haben. Ein Mut-Mindset.

4-IN-1-KONZEPT

Mut ist keine Sache, die du durchs Lesen allein lernen kannst. Theorie und Praxisübungen können dir helfen, Mut-Situationen sowie deine Gefühle und inneren Schranken besser zu verstehen, aber deine Mut-Komfortzone erweiterst du nur durch das Tun und durch die Reflexion. Deswegen beschränken wir den Text auf das Notwendigste, geben dir viele Anwendungs- und Beobachtungsübungen und am Ende ein kleines Mut-Journal mit unserer 7-Mutproben-Challenge als Übungs- und Reflexionsmöglichkeit.

In diesem Sinne verbindet Dein Mut-Buch alles, was du brauchst, um mutiger zu sein: Wissen (Text), Anwendung (Übungen), Reflexion (7-Mutproben-Challenge) und Spickzettel für brenzlige Situationen (Checklisten).

Noch zwei wichtige Definitionen fürs Buch:

WAS IST MUT?

Mut ist die Fähigkeit, über deinen **Schatten zu springen.**

WAS IST EINE MUTPROBE?

Die Situationen, in denen du den Mut anwendest, nennen wir kurz und knapp:

„Mutproben".

Mutproben sind **Momente, in denen du eine Extraportion Mut gut gebrauchen könntest.** Und darunter verstehen wir nicht nur die klassischen Mutproben wie den Sprung vom 10-Meter-Turm, sondern vor allem ganz alltägliche Situationen.

Du gehst eine Mutprobe ein, wenn du am Rande deiner Komfortzone handelst und etwas Neues tust, was dir mitunter anständige Gefühlsturbulenzen beschert.

Poser und Duckmaus: Wie kommen wir dazu, dieses Buch zu schreiben?

Wir haben zunächst vieles gewagt, was klassischerweise mit Mut in Verbindung gebracht wird: Fallschirmspringen, Weltreise, den Salto vom Hochreck, fremde Menschen ansprechen oder uns mit unserem Traum selbstständig zu machen.

Dennoch erleben wir immer noch persönliche Herausforderungen, die sich uns im Beruf und im Privaten täglich stellen. Zum Beispiel Nein zu sagen und damit jemanden zu verletzen. Wir haben erkannt, worum es bei Mut wirklich geht:

Die Auseinandersetzung mit uns.

Und daraus entstehendes persönliches Wachstum.

Das war die kurze Antwort. Nun – t i e f Luftholen – kommt ein etwas ausführlicherer Einblick, wo wir mal standen. Denn wir waren früher alles andere als mutig oder selbstsicher.

BLOß NIEMANDEM AUF DIE FÜßE TRETEN ...

Achtung, folgende Textpassage enthält erotisch knisternde Inhalte. Nicht geeignet für Kinder unter 12,46 Jahren!

Martin erzählt:

Ich liege hustend mit dicker Schnupfennase in meinem Bett.

Es klingelt.

„Martin, Besuch für dich!", ruft meine Mutter.

Ich schaue nach, wer es ist, meine Kinnlade fällt herunter und mein Herz rutscht in die Hose – ich weiß nicht wohin mit mir, mein emotionales System überschlägt sich ...

+++Rückblende+++

Ein paar Wochen zuvor lerne ich Nadja in unserer Dorfdisko über eine Freundin kennen. Beim ersten Anblick bleibt mir der Atem weg: Genau mein Typ, tolles Lächeln und mit ihren Dreadlocks sieht sie aus wie die Fronttänzerin aus einem MTV-Video. (Ja, damals wurden noch Musikvideos auf MTV gespielt. Was MTV ist? Egal ...)

Jedenfalls ist sie mein absoluter Schwarm, ach ... was ein Achtzehnjähriger sich halt so ausmalen kann. Doch sie scheint unerreichbar. Sie ist zwei Jahre älter, bereits 20. Für mich ist das damals eine andere Dimension. Ich habe nicht den Mut, ihr zu sagen oder zu zeigen, dass ich was von ihr will. Ich druckse rum und es kommt zum Gefühls-Unterdrückeberger-Klassiker: Wir sind nun „nur" Freunde.

Dachte ich.

Nun steht sie in meinem Zimmer.

„Als du mir getextet hast, dass du krank bist, dachte ich, ich komme mal nach der Arbeit vorbei und statte dir einen kurzen Kranken-besuch ab!"

Wie selbstverständlich – ohne zu fragen – sitzt sie, hüpf, auf meinem Bett an meinem Fußende.

Wir tun das, was ein 18-jähriger Teenie und eine 20-Jährige allein in einem Zimmer halt so tun:

Wir reden.

Klar hätte ich gern was gemacht. Aber was? Ich bin zu einem netten Jungen erzogen worden.

Nadja springt plötzlich auf. Sie sieht am Kopfende über mir eine Postkarte an meiner Pinnwand, sie kriecht auf allen vieren über mich drüber. Ihr T-Shirt hängt locker auf meinen Bauch herab und ihre langen Haare touchieren und kitzeln meinen Nacken.

Ich müsste eigentlich nur zugreifen. Ich müsste JETZT mutig sein. Ich müsste … Hätte, hätte, Fahrradkette.

Ich machte: Nichts!

Ich kam nicht aus mir heraus. Ich konnte nicht über meinen Schüchternheits-Schatten springen.

Es passierte: Nichts!

+++ Zeitsprung +++

13 Jahre später sitzt Nadja in unserer Stube. Ich habe sie nach dem Ereignis aus den Augen verloren. Sie hatte wohl kein Interesse mehr ...

Sie hat zwei Kinder, und NEIN: Dies hier ist keine Disney-Geschichte mit einem Happy End. Dies ist eine persönliche Story von Un-Mut, meinem Scheitern. Und ja, es wurmt mich immer noch. Das „Was-wäre-wenn". Inzwischen bin ich aber gereifter. Auch, wenn es sich noch etwas unnatürlich und peinlich für mich anfühlt, ich spreche es an und frage Nadja:

> *„Du, sag mal, damals, als du dich über mich drübergebeugt hast, da oben in meinem Zimmer, was war das? Hattest du was vor?"*

Zu meiner Überraschung muss Nadja keine Sekunde überlegen. Sie weiß sofort, wovon ich rede, sie erinnert sich genau an diesen Moment! Sie antwortet:

> *„Ich sag mal so: Wenn damals etwas passiert wäre, hätte ich gefragt, ob wir ein Paar sein wollen!"*

Innerlich stoße ich einen Schrei aus, den du gefühlt noch im Nachbardorf hättest hören können. Da sagt mir mein größter vergötterter Teenieschwarm, dass sie damals meine Freundin sein wollte?

Und ich habe es vermasselt, weil ich NICHT mutig war!

Ich lasse das mal so stehen und mein Herz noch ein wenig ausbluten ...

... Nein, nein, okay. Ich habe mich damit arrangiert. Wenn man mir damals eine Chance bot, war ich ein Meister darin, sie zu verpassen. Weil ich unsicher und überangepasst war und keine Freundschaft oder Regeln verletzen wollte. Weil ich mir zu sehr einen Kopf machte, was andere über mich denken und reden könnten, habe ich früher einen Zug nach dem anderen verpasst.[1]

„Weil ich niemandem auf die Füße treten wollte, habe ich einen Zug nach dem anderen verpasst!"

---

[1] Bis ich begann, meine Träume beherzt anzupacken, aber darüber schreibe ich an anderer Stelle. Schau gern mal auf martinkrengel.com vorbei, dort findest du einige inspirierende Texte, mit welchen Tricks und Techniken ich mir einige Träume erfüllen konnte.

„FEIGE" ODER UNTERSICHER?

Martins Fall ist typisch für das, woran wir denken, wenn wir über Mut sprechen: Eine Situation ist ungewiss oder riskant und wir haben die Chance, Mumm zu beweisen.

Martins Geschichte ist ein Beispiel für einen Persönlichkeitstypen, den die amerikanische Psychotherapeutin Fanita English „untersicher" nennt.

Untersichere Menschen sind hierbei jene, die von ihrer Haltung her eher vorsichtig sind, Fragen stellen und anderen folgen. Sie haben mehr Angst, Fehler zu machen.

Vorsichtig zu sein, ist an sich nichts Schlechtes. Darin liegt die Stärke dieser Charaktereigenschaft: Untersichere Typen gehen Dingen auf den Grund, sind gewissenhaft und haben feine Antennen und ein Gespür für ihre Umwelt.

Eine Schwäche dieses Typs kann darin bestehen, dass die Sinne für andere und die Umwelt so stark entwickelt sind, dass sie sich selbst zu sehr vergessen. Eine weitere Gefahr besteht darin, dass sie zu wenig wahrgenommen werden.

Menschen dieses Typs benötigen Mut, mehr ins Licht zu treten. Ihnen tut es gut, mehr zu wagen, Farbe zu bekennen und auch mal die Führung zu übernehmen. Wenn sie sich und ihre Meinung nicht vertreten, wer soll es dann tun?

Das andere Extrem sind Menschen, die glauben, dass sie mutig sind. Sie überspielen ihre Unsicherheiten. Viele Leute denken, dass diese Menschen ein starkes Selbstbewusstsein hätten, und fühlen sich noch mutloser, wenn sie sich mit den laut krähenden Gockeln und Gockelhennen vergleichen.

Fanita English bezeichnet diese Menschen als „übersicher".

Übersichere Menschen sind solche, die von ihrer Haltung her sogenannte Macher sind. Sie geben eher Antworten und nehmen Führungspositionen ein.

Die Stärke dieses Typs ist, dass er Dinge beherzt umsetzt. Ist der Typus zu stark ausgeprägt, achtet er zu wenig auf andere. Wichtige Informationen auf der Beziehungsebene gehen solchen Menschen verloren. Das kann im schlimmsten Fall in blindem Egoismus münden. Typ Übersicher nimmt zu viel Raum ein.

Menschen dieses Typs benötigen „De-Mut". Das ist der Mut, die eigenen Ansichten zu hinterfragen und sich selbst ein wenig zurückzunehmen. Sie können lernen, anderen wirklich zuzuhören.

Es kann bei Übersicheren mitunter starke Unsicherheiten auslösen, wenn sie merken, dass sie mal nicht Recht haben. Es gilt, sich dieser Einsicht zu stellen. Gelegentlich Führung abzugeben, zur Seite zu treten, De-Mut zu beweisen, das sind Aufgaben für Übersichere.

Keiner der beiden Typen ist besser oder schlechter. Jeder Mensch hat eine Disposition in Richtung einer der beiden Typen. Aber in jedem der beiden steckt ein Potenzial, das ergänzt werden kann.

Und die Form der Über-/Untersicherheit ist situativ: Jeder Untersichere ist in bestimmten Kontexten auch mal übersicher und umgekehrt.

Brauchst du ein Beispiel für einen übersicheren Typen?

Kein Problem, Steffen stellt sich gern zur Verfügung:

Steffen *dachte* früher, er müsste sein Rückgrat beweisen, wo er nur kann.

In seiner Abizeitung wurde ihm in der Kategorie **„Größter Poser"** der erste Platz zugesprochen. Er lief herum wie ein Gockel. Auf dem Schulhof sahst du ihn mit geschwollener Brust und als ob er Rasierklingen unter den Armen hätte.

Wenn ihm jemand querkam, war er stets bereit, sich zu wehren. Zoomen wir mal in einen solchen Moment hinein:

Sonntag. Kaffee und Kuchen. Mutters Geburtstag.

Die ganze Verwandtschaft ist da, und wie so oft wird angeregt diskutiert und abgelästert. Dieses Mal ist unser Bildungssystem dran. *„Man müsste …"*, *„man sollte …"* und weitere Sprüche.

Steffen findet das Bildungssystem auch nicht gut. Bis jetzt hat er sich in der Diskussion zurückgehalten und sich Wortbeiträge verkniffen.

Doch nun fällt der Obersatz schlechthin:

„Damals war alles besser."

Dieser Gassenhauer triggert Steffen. Wut steigt auf. Sein Herz schlägt schneller, wie ferngesteuert knallt er einen Kommentar in die Runde:

„Schwachsinn! Damals war vieles auch schlechter!"

Der Satz sitzt.

Aus der Lästerparade gegen das Bildungssystem entwickelt sich eine Allianz gegen ihn, bestehend aus Mutter, Schwester und Hauskatze. Die Diskussion entbrennt. Er steht aufgrund seiner aggressiven Art mit seiner Meinung allein da und merkt gar nicht, wie er dabei immer lauter und leidenschaftlicher wird.

Steffens Schwester wird es zu bunt:

„Du bist bösartig, Steffen!"

Die Stimmung am Kaffeetisch ist dahin. Der Vater versucht zu schlichten:

„Komm mal ein wenig runter, Steffen!"

Runterfahren? Steffen?

Er will gerade erst loslegen, vor allem bei so einer Aufforderung. Aber in diesem Moment legt Steffen eine gedankliche Bremse ein.

H A L T, S T O P !

Steffen merkt, dass er hier auf verlorenem Posten kämpft. Früher wäre er vom Tisch aufgesprungen, hätte sich lautstark Gehör verschafft und anschließend die Runde verlassen.

Doch dieses Mal legt er den Schalter um, indem er in sich geht und sich eine wichtige Frage stellt:

Was ist *jetzt* gerade wichtig?

Auf der einen Seite will er so gern Recht haben und in seinen Augen hat er das auch. Aber was er hier veranstaltet, passt gerade nicht.

Was der übersichere Steffen nun braucht, ist ein wenig **De-Mut**, um das gesellige Miteinander zu retten.

Es tut ihm innerlich weh, sich das (ehrlich) einzugestehen. Einen Fehler einzuräumen, fällt niemandem leicht, doch sein wichtigeres Ziel ist nun, den Nachmittag, das heißt, die Stimmung und damit Mutters Geburtstag, zu retten.

Er fasst sich ein Herz und sagt:

> *„Hört mal, ich habe mich hier gerade im Ton vergriffen."*

Erstaunte Augen blicken ihn an.

> *„Es tut mir leid."*

Steffen bekommt die Lippen kaum auseinander, als er das sagt. Er schwitzt. Er schämt sich.

Er überwindet seinen inneren Widerstand. Er beweist seinen De-Mut. [2]

Steffen hat erkannt: Es ist ihm gar nicht so wichtig, dass alle seine Meinung teilen. Er hat durch sein Aufbrausen die gute Beziehung zu seiner Familie gefährdet. Er beobachtet, wie sich die anderen am Tisch sichtlich entspannen. Der Geburtstag kann seinen Lauf nehmen. Torte statt Terz.

Steffen sprang an dieser Stelle über seinen Schatten. Er hatte seinen Wunsch nach Rechthaberei zugunsten eines höheren Ziels zurückgestellt und **„inneren" Mut bzw. De-Mut bewiesen.**

Sich einzugestehen, dass er einen Beziehungsfehler gemacht hat, fiel Steffen schwer. Er fühlte sich in diesem Augenblick ganz schön klein und dumm. Und trotzdem war es das Richtige.

*„Selbstüberschätzung und
Selbstunterschätzung.
In der Mitte liegt der Schatz."*

---

[2] Das Konzept des Demuts ist leider heute fast vergessen. Wir werden es wiederbeleben.

WAS WIR ÜBER MUT GELERNT HABEN

Wir beide waren einmal starke Ausprägungen des über- bzw. untersicheren Typus.

Gockel Steffen

Duckmaus Martin

Doch wir beide gestanden uns ein, dass wir mit den bisherigen Denk-, Fühl- und Verhaltensweisen nicht den Erfolg im Leben haben würden, den wir uns wünschten. Deswegen haben wir an uns gearbeitet und eine Mutprobe nach der anderen durchgestanden.

Oft waren wir erstaunt, wie leicht manche Dinge mit einer Prise mehr Mut funktionieren. Klar sind wir auch gestolpert, hingen immer wieder mal im Zögern und Zaudern fest, aber wir haben eine Sache richtig gemacht: Wir sind drangeblieben!

Natürlich haben wir manchmal auch heute noch ein bisschen Gockel und ein bisschen Duckmaus in uns. Das finden wir okay, denn wir sind Menschen und keine Maschinen.

Wir wollen dich in diesem Buch er**mun**tern, etwas mehr am Rande deiner Komfortzone zu spielen. Wenn du Mut-erfordernde Situationen besser verstehst und konkrete Strategien zur Hand hast, wirst du gelassener und besser denken und handeln können – trotz deiner inneren Anspannung, dem Lampenfieber, der Aufregung, dem Stress und anderer Gefühle, die immer wieder im Alltag auftreten können. Du wirst deine Emotionen besser erkennen, verstehen und wohlwollender annehmen. Das reduziert deine mentale Belastung und macht Ressourcen für ein breiteres Handlungsspektrum frei.

Als Ergebnis deiner neuen Fähigkeiten wirst du viele Situationen und Projekte besser meistern bzw. überhaupt erst vorantreiben können. Wundere dich nicht, wenn du „Wunder" erlebst und sich kleine und größere Erfolge einstellen. Bist du bereit dafür?

Reflexion & Workshop

Mut erklären: Was ist deine Auffassung von Mut? Wozu brauchst du ihn? An welcher Stelle soll er dir helfen, auf dein nächstes Entwicklungs-Niveau zu springen?

....

....

....

Mut erklären: Wo hast du bereits Risiken in Kauf genommen, um eine größere Sache zu erlangen (z. B. jemanden angesprochen, der dann ein guter Freund wurde). Notiere dir alle Details, an die du dich erinnerst: Wie fühltest du dich vor / während / nach der Situation?

Was ist passiert?

....

....

....

Wie fühltest du dich – was dachtest du:
        ... vorher?

....

....

....

… währenddessen?

....

....

....

… danach?

....

....

....

Mut-ivation: Jeder Mensch kann lernen, mutiger zu sein! Doch um Scham, Furcht und Angstgefühle zu bewältigen, brauchst du gute Gründe. Was sind deine? Warum willst du lernen, mutig zu sein?

....

....

....

....

Mut-Mindset: Male dir eine kleine Skizze oder eine Mindmap für die Situationen, in denen DU zukünftig mehr Mut haben möchtest:

MEINE SITUATION   MEINE SITUAT
MEINE SITUATION   MEINE SITUATION   MEINE
MEINE SITUATION
MEINE SITUATION   MEINE SITUATION
MEINE SITUATION   MEINE SITUATION   MEINE S
MEINE SITUATION
MEINE SITUATION   MEINE SITUATION
MEINE SITUATION   MEINE SITUATION   MEINE SITU
MEINE SITUATION   MEINE SITUATION   ME
MEINE SITUATION   MEINE SITUATI

KAPITEL

DIE SECHS MUT-MYTHEN

Mut bedeutet, Risiken einzugehen!

Stimmt das überhaupt? Es geistert viel Irrglauben über Mut in der Welt herum. In diesem Kapitel räumen wir damit auf.

Mut-Mythos 1: „Ich bin nicht mutig!"

Die wenigsten Menschen glauben, dass sie mutig sind. Wir haben viele Leute gefragt. Keiner sagte spontan: *„Ich bin ein mutiger Mensch."*

Doch Mut heißt eben nicht, Heldentaten zu vollbringen.

Es ist kein Entweder-oder. Vielmehr bist du ja schon mutig, wenn du deine Ideen deinem Chef präsentierst oder eine stinknormale Klausur schreibst. Auch in diesen beiden Alltagssituationen hast du einen Gefühls-Mix in dir, der dir einige Zweifel und Unsicherheitsgedanken beschert.

Der Unterschied ist nur, dass du schon oft eine Idee präsentiert und einen Test geschrieben hast. Deswegen halten dich diese Gefühle in der Regel nicht von deinem Handeln ab.

Ja, Mut lässt sich trainieren wie Turmspringen, Judo oder Fußball. Viele glauben das nur nicht, weil es keine Mut-Vereine oder Mut-Wettkämpfe gibt. Voilà, hiermit hältst du einen Trainingsplan in deinen Händen.

„Mut steht am Anfang des Handelns,
Glück am Ende."
Demokrit

Mut-Mythos 2: „Mut braucht man gar nicht so oft."

Prhuuust. Da haben wir glatt unseren Kaffee auf den Monitor gespuckt, als uns das ein Newsletter-Abonnent schrieb. Wir sehen das anders.

Mut brauchst du ständig!

Wir alle haben große und kleine Situationen im Leben zu meistern. Wir stehen immer wieder vor Neuem. Jede Situation, in der du noch nicht viele Erfahrungspunkte gesammelt hast, verlangt von dir immer wieder eine Überwindung.

Um deine Träume zu verwirklichen, brauchst du Mut, in die Unsicherheit zu starten. Um eine Krise durchzustehen, brauchst du Mut, unangenehme Dinge anzupacken. Um zu lernen oder bei schlechtem Feedback brauchst du De-Mut, dir einzugestehen, dass du noch nicht so weit bist, wie du gern wärst, oder dass jemand anders recht hat.

Du benötigst Mut, um unschöne Dinge zu ändern. Wir, Steffen und Martin, brauchen unseren Mut mindestens zweimal täglich. Zwei Beispiele gefällig?

Neulich war Steffen im Hotel. Als er eincheckte, freute er sich auf das große Bett, mit 37 Kissen nur für ihn. Er fand aber nur zwei Einzelbetten vor.

Er überlegte. Sollte er es hinnehmen? Es waren fünf Nächte. Nö. Er zog seinen Rollkoffer wieder zur Rezeption und bat um ein Zimmer mit großem Bett. Und falls es möglich sei, sollte das Zimmer nicht zur Hauptstraße liegen.

Steffen fällt es nicht leicht, derart für sich einzustehen. Er machte es trotzdem. Er bekam dann genau das, was er sich wünschte. Ein Zimmer mit großem Bett, weg von der Hauptstraße.

Ähnlich geht es Martin. Er saß mal mittags auf einer Bank und wollte seine Ruhe haben. Auf einmal gesellte sich eine Kleingruppe von Studenten in seine Nähe. Er war genervt. Er dachte sich: *„Wenn ich jetzt aufstehe und gehe, dann merken die doch, dass ich das ihretwegen mache."* Er fasste sich ein Herz und tat es trotzdem. *„Endlich wieder Ruhe."*

Lebensqualität und Gelassenheit entstehen nicht zwangsläufig durch die großen Dinge des Lebens. Sie entstehen durch die vielen kleinen mutigen Momente unseres Alltags. Du benötigst täglich Mut, um die unterschiedlichsten Situationen anzupacken und so zu verändern, dass sie dir guttun. Sobald du beständig Mut im Kleinen zeigst, wird sich auch im Großen etwas ändern.

"Lebensqualität und Gelassenheit entstehen durch „Mikro-Mut" – viele kleine Mutproben im Alltag."

Mut-Mythos 3: „Nur wer tollkühne Taten vollbringt, ist mutig."

Fallschirmspringen, dem Chef ordentlich den „Marsch blasen", wie Rocky einen großen Kampf antreten ... Viele Leute denken, Mut wäre nur etwas Übergroßes, Heldenhaftes.

Das ist Quatsch!

Von außen betrachtet kann man kaum sagen, wer etwas Mutiges getan hat und wer nicht. Denn: Mutig zu sein bedeutet, unangenehme Gefühle zu überwinden.

Und das ist für den Beobachter von außen nicht unbedingt erkennbar.

Ist es mutig von einem Turmspringer, wenn er vom 5-Meter-Brett hopst? Und ist es mutig, wenn ein Zweitklässler das Gleiche tut? Um das herauszubekommen, müssen wir wissen, ob der Turmspringer und der Zweitklässler eine Unsicherheit verspürt haben oder ob sie innerlich cool geblieben sind. Nur wer sich überwindet, zeigt Mut.

Aber wie verhält es sich, wenn eine Klassenkameradin des Zweitklässlers den 5-Meter-Turmsprung verweigert? Ist sie dann automatisch eine Duckmaus?

Vielleicht hat sie einfach keine Lust zu hüpfen und bleibt trotz des Drängens ihrer Klassenkameraden bei ihrer Entscheidung. *„Lass die anderen doch sticheln."* Das könnte ebenfalls mutig sein.

Mut kann sein, aktiv zu handeln. Mut kann aber auch bedeuten, aktiv inaktiv zu bleiben und beispielsweise nicht beim Mobbing mitzumachen. Oder sich wie Steffen am Kaffeetisch einzugestehen, dass man gerade auf dem Holzweg ist. Mut hat zwei Bedingungen:

1. Er kostet dich **emotionale Überwindung.**

2. Du bleibst bei dem, was du **für richtig hältst**.

Wenn du deine persönlichen Mutproben angehst, schaue auf dich. Ignoriere, was andere machen, sagen oder denken. Denn sie können letzten Endes gar nicht beurteilen, ob du mutig warst oder nicht. Das kannst nur du allein! Denn Mut zu beweisen, ist ein innerer Prozess.

„Mutig zu sein bedeutet, unangenehme Gefühle zu überwinden."

Mut-Mythos 4: „Mut bedeutet, Risiken einzugehen."

Ja, das stimmt. Wenn du dich auf eine Mutprobe einlässt, stehst du vor einer Situation, von der du nicht genau weißt, wie sie ausgeht.

Für viele Menschen steht der Begriff „Risiko" allerdings für etwas Negatives. Deswegen vermeiden sie es. Doch „Risiko" ist an sich ein neutraler Begriff. Ökonomen z.b. wissen: Je höher das Risiko, desto höher in der Regel auch die Chance auf größere Gewinne. Trotzdem ruft ein Risiko immer noch viele Unsicherheiten hervor. Warum ist das so?

„Unsicherheit" kann das menschliche Emotionssystem einfach nicht neutral betrachten. Die Psychologie nennt das Risikoaversion. Das heißt, dass wir die Gefahr des Scheiterns eher sehen und ernster nehmen als die Chancen. Daniel Kahneman erklärt in seinem Buch „Schnelles Denken, langsames Denken", dass das Verhältnis von „Risiko eingehen" und „Angst aushalten" ungefähr bei 2:1 liegt. **Das heißt: Menschen werten die Gefahr als doppelt so hoch wie die Gewinnchance!**

Stell dir vor, du gehst die Straße entlang und auf einmal siehst du … Justin Bieber. (Komm, sei ehrlich: Wir wissen, dass du ihn voll supidupi findest. Du gibst es bloß nicht zu!)

Dein Herz pocht. Wie gelähmt stehst du da. Schwere Wurzeln wachsen aus deinen Füßen. Sollst du rübergehen?

Du denkst: *„Das kann ich doch nicht einfach machen"*, ohne wirklich zu wissen, was eigentlich Schlimmes passieren würde. *„Ich könnte zurückgewiesen werden"*, sagt dein Erfahrungsgedächtnis. Angst kommt auf.

Doch hey, überleg mal: Was passiert, wenn du wirklich zurückgewiesen wirst?

Was könntest du tatsächlich verlieren? Im schlimmsten Fall hat der Justin gerade keine Lust, mit dir zu reden. Das fühlt sich dann tatsächlich doof an. Deine Gefühlslampe leuchtet auf und signalisiert Gekränktheit. Zeitgleich oder wenig später spürst du wahrscheinlich auch noch etwas anderes: Stolz. Stolz, dass du deinen inneren Angsthasen ermutigt hast und ihr gemeinsam den Versuch gewagt habt, Justin Biber anzusprechen. Du hast etwas Großes gewonnen: Gewissheit.

Denn in Wahrheit gehst du auch ein Risiko ein, wenn du nicht handelst!

Bleibst du nämlich passiv, wirst du keine Gewissheit erlangen und in energieraubenden Phantasien von „Hätte, hätte, Fahrradkette" verharren.

Klar, Justin Bieber ist ein cheesy Beispiel. Wissen wir. Aber wie oft hängen wir genau an solchen Punkten fest?

Ersetze den Popstar durch deinen Schwarm, einen Vorgesetzten, einen Kunden oder einen Geschäftspartner auf einer Messe oder Konferenz: Manche Situationen erfordern, dass du deine Chance ergreifst. Dass du – obwohl du nicht vollständig vorbereitet bist oder dich noch nicht ganz bereit fühlst – es trotzdem tust. Dass du es versuchst.

Lass es dir auf der Zunge zergehen:

> *„In Wahrheit verlierst du nur, wenn du mutlos bleibst."*

Das Risiko wird Realität, weil du dir durch Passivität, durch angstgehemmtes Nichtstun deine Bedürfnisse und Wünsche nicht erfüllst. Jede verpasste Chance, dich zu beweisen, wird an deinem Selbstwertgefühl nagen und deine Selbstwirksamkeitsgefühle schwächen. Auf diese Weise stressen dich dieselben Themen wie bisher immer weiter. Du verlierst.

Weil dieses Bewusstsein um die Gefahren der Mutlosigkeit so wichtig ist, werden wir das Thema „Risiko und Kosten" in Kapitel 3 vertiefen.

Mut-Mythos 5: „Vermeidung spart Stress und negative Gefühle."

Mutige Menschen müssen bei ihrer Mutprobe ein Wirrwarr an Gefühlen und Gedanken aushalten.

Wenn du nicht mutig bist, musst du wahrscheinlich noch viel unangenehmere Gefühle ertragen. Zum Beispiel, wenn du dich wieder von deinem Partner oder Chef einlullen lässt, etwas zu tun, was du eigentlich gar nicht möchtest.

Du ärgerst dich und bereust deine Mutlosigkeit, weil du nicht den Mumm hattest, Nein zu sagen. Solche Gefühle halten viel länger an als die unangenehmen Gefühle beim Eingehen einer Mutprobe.

Es ist egal, was wir tun, wir kommen einfach nicht drumherum, uns von unseren Gefühlen piesacken zu lassen. Du kannst dich jedoch entscheiden, welches dieser beiden unangenehmen Gefühle du aushalten willst.

1. Entscheidest du dich, mutig zu sein, wirst du kurzzeitig Angst, Scham und Unbehagen aushalten müssen. Die Intensität dieser Gefühle ist in der Regel hoch.

2. Vermeidest du es, mutig zu sein, wirst du von dir selbst enttäuscht sein, dich über dich ärgern, Minderwertigkeitsgefühle oder sogar depressive Zustände aufbauen. Du wirst weiter Stress haben, die Nörgeleien von anderen ertragen und selbst nörgeln. Einfach, weil du unzufrieden bleibst.

Die Gefühle von Mutlosigkeit halten in der Regel viel länger an als die bei Mutproben. Denn sie weisen dich permanent darauf hin, dass du etwas ändern sollst. Und solange du das nicht machst, werden sie dich nerven und **auch immer stärker werden**. Du hast die Wahl.

Hast du jedoch Mut bewiesen, wirst du stolz auf dich sein. Dein Selbstbewusstsein steigt. Das fühlt sich gut an. Das passiert sogar dann, wenn deine Mutprobe nicht erfolgreich war. Allein schon der Fakt, dass du dich überwunden hast, kann dir ein zufriedenes Grinsen ins Gesicht zaubern. Du hast zwei Möglichkeiten:

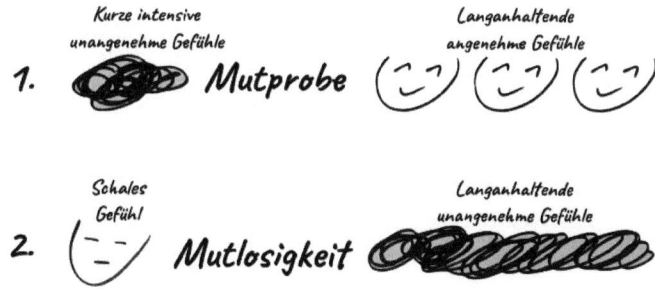

1. Kurze intensive unangenehme Gefühle — Mutprobe — Langanhaltende angenehme Gefühle

2. Schales Gefühl — Mutlosigkeit — Langanhaltende unangenehme Gefühle

Mut-Mythos 6: „Ich darf keine Fehler machen."

Okay, genau genommen ist das kein spezifischer Mythos des Themas Mut. Es ist vielmehr ein genereller **Denkfehler**, der uns seit Kindertagen begleitet: In der Schule gibt es weitestgehend nur „richtig" und „falsch". Das wird vom Lehrer definiert. Experimentieren und den Dingen auf den Grund gehen? Fehlanzeige.

Jeder Fehler wird angekreidet und bringt Punktabzug. „Richtig" ist mit Belohnung und Dazugehören verknüpft. „Falsch" wird mit negativen Folgen und Ausgrenzung verbunden. Unser Gehirn wird darauf programmiert, Fehler zu vermeiden.

Der Anspruch**, fehlerfrei zu handeln, ist nicht nur unrealistisch, sondern auch eine Mut-Bremse**: *„Bloß nichts falsch machen!"* Das erschwert jede Weiterentwicklung.

Dass Fehler wichtig und notwendig sind, zeigen moderne Unternehmen mit ihrer Fehler-Philosophie. Das „fail forward"-Prinzip verwenden sie, um Produkte zu entwickeln, die sich später gut verkaufen. Zuerst wird ein minimal funktionieren-des Produkt (MVP) gebaut, von dem man glaubt, dass es die Leute kaufen wollen. Unvollkommenheiten werden bewusst so belassen. *„Minimal funktionsfähig."*

Dann bringt das Unternehmen das Produkt auf den Markt und holt sich Rückmeldungen darüber, wie der Prototyp beim Kunden ankommt. In dieser Phase meckern die Kunden natürlich reichlich, weil noch nicht alles tadellos funktioniert. Aber durch das Feedback erfährt das Unternehmen, in welche Richtung es weiter-denken muss. Dabei gilt die Devise: **„Mache die großen Fehler am Anfang und lerne schnell daraus."** Mit diesem Vorgehen werden große Produktflops vermieden. Man entwickelt nicht erst ewig ein Produkt, das hinterher vielleicht gar keiner kauft. Der langfristige Erfolg wird durchs **„Nach-vorn-Fehlern"** gesichert.

Leider ist eine solche Fehlerkultur im deutschsprachigen Raum noch nicht weit verbreitet. Viel zu oft sind noch Besserwisser vertreten, die dir erklären, warum etwas nicht funktioniert, und dich deswegen nicht ermutigen werden.

Jetzt verraten wir dir etwas, das du bestimmt nicht hören willst: Die Besserwisser und Fehlervermeider haben statistisch gesehen mehr recht als wir Mut-Kandidaten. Wenn du Single bist und mutig auf neue Menschen zugehst, dann stehen die Chancen schlecht für dich.

Die Wahrscheinlichkeit ist hoch, dass du nicht beim ersten oder zweiten interessanten Menschen einen Volltreffer landen wirst. Viel höher ist die Wahrscheinlichkeit, dass es zehn oder gar zwanzig Fehlschläge sein werden.

Bleibe dran und lerne etwas aus deinen verpatzten Dates. *„Beim nächsten Mal erzähle ich nicht sofort, dass ich Vogelspinnen als Haustiere habe.“* Auf diese Weise wirst du deine Dating-Fähigkeiten steigern. Deine Kritiker hatten dann zwar öfter recht als du, am Ende hast du aber trotzdem gewonnen.

„Der Meister hat schon mehr Fehler gemacht als der Novize Versuche.“

Unbekannt

Zusammenfassung

SECHS MUT-MYTHEN

1. Du bist schon mutig. Du dehnst deinen Mut nur weiter aus.

2. Du benötigst im Alltag ständig Mut.

3. Nur du allein kannst beurteilen, ob du Mut bewiesen hast.

4. Du verlierst nur, wenn du mutlos bleibst. Durch eine Mutprobe gibt es meistens nichts Ernsthaftes zu verlieren.

5. Wenn du mutlos bleibst, musst du länger unangenehme Gefühle aushalten.

6. Mit jeder Mutprobe lernst du etwas dazu.

KAPITEL

WAS DICH UN-MUT WIRKLICH KOSTET

Wenn wir vor einer Herausforderung
stehen, schwingt auch die Angst mit,
dass sie nicht gelingen könnte.

Wir fürchten uns, den Preis zu zahlen.
Welcher Preis ist jedoch höher?

Der einer verpatzten Mutprobe oder
der von Mutlosigkeit?

Die Angst vor unbekannten Situationen

In ihrem Nebenjob, zu Hause und bei ihren Freunden ist Madelaine als die „gute Seele" bekannt. Sie hat schon oft den Karren aus dem Dreck gezogen. Ihre Freunde wissen: Wenn sie eine Bitte haben, dann ist Madelaine zur Stelle.

Manchmal steigt ein Hauch von Ärger in ihr hoch, nachdem jemand mit „einer ganz dringenden Bitte" auf sie zugekommen ist und sie zugestimmt hat. Dann denkt sie sich:

> *„Und was ist eigentlich mit mir?"*

Von Zeit zu Zeit gewinnt sie den Eindruck, dass sie nur auf dieser Welt sei, um für andere zu funktionieren.

Klar hat sie den Wunsch, einfach mal *„Nein!"* zu sagen. Doch sofort kommen Bedenken auf:

> *„Was ist, wenn mir mein Kollege das krumm nimmt?"*

> *„Was, wenn mein Freund mir Egoismus vorwirft?"*

> *„Was passiert, wenn es schief geht?"*

Diese Gedanken machen sie unsicher. Es fühlt sich beruhigender an, lieber in alter Gewohnheit wie immer zu funktionieren.

Madelaine ist mit ihrer Sorge nicht allein. Es geht vielen Menschen so, dass ihnen neue Reaktionen und Verhaltensweisen schwerfallen.

Zum neuen Verhalten fehlen Referenzerfahrungen.

Menschen streben nach Sicherheit. Vorhersehbarkeit und Berechenbarkeit sind wichtig für unser Leben und einen reibungslosen Tagesablauf. Es ist gut, dass wir voraussehen können, wie unsere Freunde und Kollegen auf uns reagieren. So können wir planen und uns gewohnheitsmäßig verhalten. Stell dir mal vor, du müsstest bei jeder Begegnung mit Freunden überlegen, wie du dich verhältst. Das wäre zu anstrengend.

Sicherheit ist nicht verkehrt. Aber sie hat ihre Schattenseiten. Denn wer nur Sicherheit sucht, bringt **nichts Neues** hervor. Keine Veränderung. Wir müssen Unsicherheit in Kauf nehmen, wenn wir vorankommen wollen.

„Unsicherheit ist eine Begleiterscheinung von Fortschritt!"

Du kannst nicht hobeln, ohne dass dabei Späne fallen. Du kannst nicht essen, ohne zu kauen. Und Madelaine kann nicht Nein sagen, ohne mögliche Enttäuschungen ihres Kollegen in Kauf zu nehmen. Die Unsicherheit ist den Veränderungssituationen einfach inhärent. **Du kannst jedoch das Risiko senken** (> Workshop am Kapitelende):

Als Steffen noch Offizier bei der Bundeswehr war, wusste er bereits, dass er sich selbstständig machen will. Doch eine Selbstständigkeit ist riskant. Viele scheitern. Um das Risiko für dieses Vorhaben zu senken, bildete sich Steffen weiter. Er besuchte Kongresse, nahm an Seminaren teil und las Bücher. Um sich das leisten zu können, hielt er seine anderen Ausgaben gering. Seine Kameraden bei der Bundeswehr lachten über seinen alten Renault Clio. Sie verstanden nicht, warum er keinen Audi A4 fuhr wie die anderen.

Du bezahlst sowieso

Ob du deine Mutprobe antrittst oder nicht, die Wahrheit ist: **Du zahlst immer einen Preis!**

Mutige Entscheidungen erfordern zunächst scheinbar einen höheren Einsatz. Sie kosten Überwindung, Unsicherheit und bergen das Risiko des Scheiterns.

Tatsächlich sind jedoch die Kosten für Mutlosigkeit so hoch, dass sie im Vergleich nicht tragbar sind. In Steffens Fall hätte das bedeutet, dass er bei der Bundeswehr geblieben wäre. Das hätte er sicher mit einer Depression bezahlt.

Du hast in Bezug auf Mutproben drei Möglichkeiten zu handeln:

1. Du gehst deine Mutprobe ein und hast Erfolg.

2. Du gehst deine Mutprobe ein und hast keinen Erfolg.

3. Du bist mutlos und machst nichts.

Natürlich gibt es Abstufungen zwischen diesen drei Fällen, zum Beispiel Teil(miss)erfolge. Lass uns die drei Möglichkeiten genauer beleuchten:

FALL 1:
DU HAST ERFOLG

Wenn du dich auf eine Mutprobe einlässt und Erfolg hast, zahlst du den Preis der Überwindung. Im Gegenzug erhältst du deinen Gewinn und kannst stolz auf dich sein.

Wenn Madelaine sich überwindet und eine Bitte ausschlägt, kann sie endlich mal pünktlich die Arbeit beenden und mit ihrem Freund spazieren gehen.

FALL 2:
WENN DU SCHEITERST, KREIERST DU EINE CHANCE. DIE CHANCE ZU LERNEN!

Es kann jedoch auch sein, dass du keinen Erfolg mit deiner Mutprobe hast. Dann hast du mit Überwindung gezahlt und kommst zusätzlich für die Risikokosten auf.

So war es bei Steffen und seinem ersten Versuch, selbstständig zu sein: Als seine Zeit bei der Armee auslief, begann er sein Business, indem er 3.000 Euro investierte: in handgefertigte Tassen aus Kolumbien. Die wollte er – so die Idee – im Internet verkaufen.

Hat's funktioniert? Ja, seine Mutter kaufte eine. Seine Schwester auch. Und noch fünfzehn weitere

Kunden. Hunderte Tassen lagen nun im Warenhaus herum.

Und natürlich blieben sie nicht aus, die hämischen Kommentare seines Vaters à la *„Ich habs dir doch gleich gesagt."* und *„Wärst du mal bei der Bundeswehr geblieben."*

Ein guter Teil seiner 3.000 Euro war futsch. Er war aber dennoch stolz, es versucht zu haben.

Nachdem Steffen mit seinem Tassen-Business auf den Schnabel geflogen war, lernte er, dass er nicht für einen Beruf, der etwas mit Tabellenkalkulation zu tun hat, geboren ist. Es motivierte ihn einfach nicht. Das wusste er vorher aber nicht. Er verstand, dass er etwas machen sollte, das ihm wirklich Freude bereitet. Das war die Geburtsstunde seiner Website „transaktionsanalyse-online.de". [3]

Aus dem Scheitern etwas lernen, das klingt manchmal so zynisch. Wie die Plastikrose an der Losbude als Trostpreis, mit dem du nichts anfangen kannst. Wir meinen das jedoch alles andere als zynisch. Lerneinheiten, auch aus schlechter Erfahrung, können wirklich wertvoll sein.

Scheitern, lernen und sich weiter vortasten: Madelaine hat sich überwunden und zunächst Nein gesagt. Darauf folgt ein trauriger Blick ihres Kollegen, von dem sie sich wieder einlullen lässt.

---

[3] Das ist heute die im deutschsprachigen Raum meistbesuchte Website für das psychologische Konzept der „Transaktionsanalyse".

Später ärgert sie sich über sich selbst. Auch Madelaine kann etwas aus ihrer misslungenen Mutprobe lernen.

Abends reflektiert sie, weswegen sie bei ihrem Kollegen wieder eingeknickt ist. Es war dieser Blick! Sie nimmt sich vor, beim nächsten Mal an diesem Punkt standhaft zu bleiben. Mit dem Entschluss fokussiert sie ihr Bewusstsein auf den Wendepunkt. Das Risiko zu scheitern sinkt.

Es kann durchaus passieren, dass Madelaine noch weitere Anläufe benötigt, bis sie es schafft, das erste Mal erfolgreich einen Gefallen auszuschlagen.

FALL 3:
BIST DU MUTLOS, SETZT DU ZUNÄCHST NICHTS EIN

Wenn Madelaine immer wieder auf Bitten eingeht, wird ihr Problem nicht gelöst. Sie ist weiterhin Mädchen für alles. Wichtig ist auch zu erkennen: Wenn sie zu allem Ja sagt, dann trifft sie nicht unbedingt eine aktive Entscheidung, weil sie es ja schon automatisch, also aus Gewohnheit, tut.

Die Psychologie nennt dieses Phänomen **„Default-Effekt"** (= Tendenz der „Voreinstellung"). Der Default-Effekt besagt, dass Menschen zu einem Verhalten neigen, bei dem sie sich nicht aktiv für (oder gegen) etwas entscheiden müssen. Eine Nicht-Entscheidung.

Bleibst du mutlos, erhält du als Gegenwert die Gewissheit, dass zunächst alles so bleibt, wie es ist. Doch der Status quo ist oftmals nicht gut für dich. Sonst würdest du nicht über eine Mutprobe nachdenken. **Deine Mutlosigkeit kostet dich den Preis, dass du weiterhin in einer unbequemen Position ausharren musst.** Dieser Preis addiert sich mit der Zeit auf, je öfter du mutlos bleibst.

Wenn Madelaine weiterhin Mädchen für alles ist, verplempert sie ohne Ende Energie und untergräbt weiterhin ihr Selbstbewusstsein.

„Wenn du nichts für dein Ziel opferst, opferst du das Ziel."

Lass uns darauf jetzt noch einmal genauer eingehen.

„Kneifen" führt zum Abwärtssog

Es gibt noch einen weiteren Nachteil von Nicht-Entscheidungen. Jedes Mal, wenn du dich auf deiner Passivität ausruhst, tätigst du eine Einzahlung auf dein Depri-Konto. Je reicher du es anfüllst, desto wahrscheinlicher trittst du in eine Abwärtsspirale ein.

> *„Jede Nicht-Entscheidung füllt dein Depri-Konto!"*

Wenn du dich bei anstehenden Entscheidungen aus der Affäre ziehst, wirst du keine Erfahrungen sammeln, die auf eine bewusste Aktivität zurückzuführen sind. Mit zunehmender Häufigkeit deiner Nicht-Entscheidungen verstärkt sich dieses Verhaltensmuster. Du fühlst dich immer mehr wie ein Spielball deiner Umwelt, weil die sich ja auch ohne deine Entscheidungen weiterdreht. Es macht sich der Eindruck breit, dass du ja eh nichts ändern kannst. Damit rückst du in die gefährliche Nähe von depressiven Zuständen.

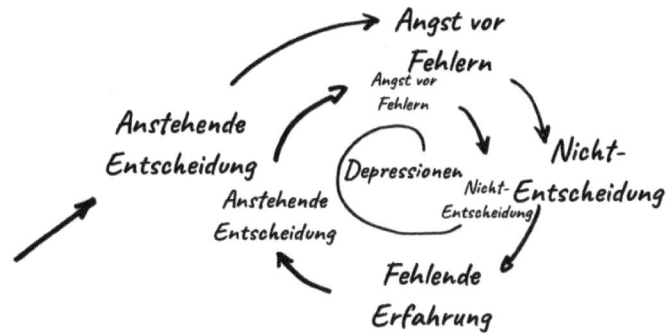

Wir möchten dich noch auf einen kleinen, aber feinen Unterschied hinweisen. Es ist etwas anderes, bewusst abzuwarten und Dinge auch gut sein zu lassen. Madelaines Kollege ist sauer auf sie, nachdem sie ihm einen Gefallen ausgeschlagen hat und pünktlich nach Hause geht. Es kann passend sein, wenn sie sich entscheidet, erst einmal ein wenig Zeit verstreichen zu lassen. Es handelt sich um eine aktiv getroffene Entscheidung, ihren Kollegen sich erst einmal beruhigen zu lassen. Bewusst und aktiv nichts zu tun. Denn das kann auch eine Lösung darstellen oder zu einer solchen beitragen.

Wenn du vor deiner Mutprobe stehst, entschließe dich immer aktiv zu einem Schritt. Selbst wenn du dich entschließt, nichts zu unternehmen. Nur so kannst du später reflektieren, ob es die richtige Entscheidung in dieser Situation war.

„Lieber schlecht entschieden,
als unentschieden."

Workshop

Jedem von uns leuchtet ein: Wer sich gesund ernährt, verringert das Risiko von Krankheiten. Genauso ist es mit deiner Mutprobe. Du kannst vorher eine Menge dafür tun, dass sie gelingt.

Risiken minimieren

Günstige Umstände erhöhen

WAS IST DIR DEIN ERFOLG WERT?

Welchen Preis bist du bereit zu zahlen, auch für den Fall, dass es schiefgeht? Spüre bewusst hin – und falls eine Frage nicht zu deiner Situation passen sollte, kein Problem, hüpfe einfach zur nächsten.

Was kostet es dich langfristig gesehen (in Monaten/Jahren), wenn du auf deine Mut-probe(n) verzichtest?

....

....

....

Wie viel Zeit / Aufwand / Geld / andere Ressourcen bist du bereit zu investieren (für Vorbereitung, Ausführung, Lernen ...)? Sei konkret.

....

....

....

....

Wie viele Versuche gibst du dir? Wie oft bist du bereit zu scheitern / Fehler zu machen, um dein Ziel zu erreichen?

....

....

....

....

Was könnte passieren? Welche negativen Reaktionen könnten kommen? Würdest du diese akzeptieren?

....

....

....

....

Welche unangenehmen Gefühle gilt es zu überwinden? Spüre in jedes hinein! (> Kapitel 4)

....

....

....

....

Wie weit bist du bereit, Beziehungen zu strapazieren oder gar abzubrechen? Würdest du es in Kauf nehmen, möglicherweise von anderen ausgelacht zu werden oder zu ertragen, dass sie etwas Schlechtes über dich denken?

....

....

....

....

UMSTÄNDE GÜNSTIG GESTALTEN

Die übergeordnete Frage lautet: Wie kannst du die Umstände so verbessern, dass deine Mutprobe gelingt?

Wen könntest du um Hilfe fragen? Wo findest du hilfreiche Informationen / Texte / Tipps für deine Mutprobe?

....

....

....

....

Wann könnten geeignete Zeitpunkte sein, deinen Versuch zu wagen?

(Wann ist die Zeit reif bzw. die Gelegenheit günstig?)

....

....

....

....

Wann besteht am ehesten die Chance auf ein positives Resultat?

(Es könnte z. B. keine gute Idee sein, einem Menschen in einem gestressten Zustand deine Meinung zu sagen. Wo und wann könntest du eine offenere Atmosphäre schaffen, z. B. bei einem Abendessen, im Urlaub, im Rahmen eines Mitarbeiter-Gesprächs, etc.)

....

....

....

....

Wie kannst du in eine gute Verfassung / Stimmung kommen?

(z. B. Musik hören, etwas essen, dich entspannen, ablenken, Freunde um Hilfe bitten, die dich begleiten)

....

....

....

....

Fällt dir sonst noch etwas ein, das in der (angespannten oder anspruchsvollen) Situation hilfreich wäre?

(z. B. könntest du einen Talisman mitnehmen, dir Notizen anfertigen oder einen Beruhigungstee trinken)

....

....

....

....

Auf den Punkt gebracht:

WAS DICH UN-MUT WIRKLICH KOSTET

1. Veränderungen und Risiko sind Geschwister. Verändere deine Mutproben-Bedingungen so, dass ihre Erfolgswahrscheinlichkeit steigt.

2. Ob du mutig handelst oder die Duckmaus spielst: Du zahlst immer einen Preis. Mache dir bewusst, was dich dein Verzicht wirklich kostet.

3. Triff bewusste Entscheidungen. Auch die Entscheidung, erst einmal abzuwarten, kann eine gute Entscheidung sein. Aktives Abwarten ist etwas anderes als passives Nichtstun.

4. "Wenn du nichts für dein Ziel opferst, opferst du das Ziel." Sei bereit, deinen Preis zu zahlen.

5. Sei dir bewusst, dass du für den Erfolg deiner Mutprobe manchmal auch mehrere Anläufe tätigen musst.

Reduziere das Risiko

SO BEREITEST DU DICH VOR

1. Bitte Menschen um Hilfe, die bereits eine ähnliche Herausforderung gemeistert haben.

2. Plane deine Mutprobe. Denke in Szenarien: Wie würdest du im Fall A reagieren – was könntest du im Fall B tun?

3. Wähle einen passenden Zeitpunkt. Du kannst auch einen kreieren. Frage beispielsweise die betreffende Person, ob sie kurz Zeit für dich hat.

4. Achte darauf, dass du in einer guten Verfassung bist. Hast du genügend gegessen und getrunken? Das hört sich banal an, wird jedoch häufig unterschätzt.

5. Wenn du während deiner Mutprobe mal nicht weiterweißt, nimm dir Zeit. Sag: *„Darüber muss ich nachdenken."* / *„Dafür brauche ich Zeit, das weiß ich jetzt nicht."* (geeignet bei schwierigen Gesprächen)

KAPITEL

UNBEQUEME GEFÜHLE IN DEN GRIFF BEKOMMEN

Mutproben wären keine Mutproben,
gäbe es da nicht diese glucksigen Gefühle.

Aber wie lassen sie sich unter Kontrolle bringen?
Und was genau sind eigentlich Gefühle?

Die Antwort ist so simpel,
dass wir sie alle vergessen haben!

In diesem Kapitel geht es um deine unbequemen Gefühle.[4] Dieser Mulm in deinem Bauch, die Weichheit in deinen Knien oder der Kloß in deinem Hals. Vielen Menschen fällt es nicht leicht, über Gefühle zu sprechen oder sie angemessen auszudrücken. Für manche sind sie ein völliges Mysterium.

WARUM TAPPEN WIR BEIM THEMA GEFÜHLE IM DUNKELN?

Wir werden von klein auf trainiert, bestimmte Gefühle zu verbergen. *„Gefühle zeigen, ist Schwäche zeigen."* Kein Weinen für Männer. Keinen Ärger zeigen für Frauen. Am besten immer nur gut drauf sein.

Einige von uns haben das so perfektioniert und ihre Gefühle derart verdrängt, dass sie gar nichts mehr merken. Sie verbergen sie erfolgreich vor sich selbst.

Doch wenn du keinen Zugang zu deinen Gefühlen hast oder sie nicht spüren willst, kannst du ihre Stärke nicht nutzen. **Jedes Gefühl zeigt uns an, was wir gerade brauchen.** Traue dir doch mal zu, sie zu spüren.

---

[4] Das „unbequem" fügen wir nicht jedes Mal hinzu, weil es sich so unbequem liest. Denk es dir einfach dazu.

Gefühle folgen ihrer eigenen Logik

Madelaines Freundin zu Madelaine vor einer Mutprobe:

„Hab keine Angst …"

Madelaine zu sich selbst:

„Ich weiß ja, dass ich eigentlich gar keine Angst davor zu haben brauche …"

Hat das auch jemand schon einmal zu dir gesagt? Ob es jemand gesagt hat oder ob du es gedacht hast: Hat sich dadurch dein Gefühl gebessert?

Eben.

Logisch gesehen, brauchst du wahrscheinlich keine Angst zu haben.

Gefühle sind jedoch nicht logisch. Sie sind **psychologisch**. Sie haben ihre eigenen Spielregeln. Du wendest bei Monopoly ja auch keine Schachregeln an. Oder etwa doch?

Weißt du, was da eigentlich passiert, wenn du so einen Satz à la *„Hab keine Angst"* hörst oder zu dir selbst sagst? Es geschieht **eine Abwertung der Gefühle**. Psycho-logisch betrachtet wird eine Schicht „Ich bin nicht okay, so wie ich bin" über das Originalgefühl geschmiert.

Entweder du spürst es dann noch mehr oder es wird ins Unbewusste abgedrängt. Dann treten an Stelle der Gefühle bald körperliche Symptome auf. Migräne, Bauchschmerzen, Müdigkeit und allerlei andere körperliche Beschwerden, die dich zum Arzt rennen lassen. Psychosomatik nennt man das.

Wenn du zu dir selbst sagst: *„Ich brauche keine Angst zu haben"*, dann verneinst du einen wichtigen Teil von dir, in Psycho-Logik gesprochen. Die Angst ist jedoch real da. Du kannst sie spüren. Wir wissen, du willst sie nicht haben. Aber sie ist doch da! Das ist so, als wenn du eine unaufgeräumte Wohnung hast, die dich stört. Und dann kommt jemand, tätschelt dir den Kopf und sagt: *„Du brauchst dich nicht an deiner unaufgeräumten Wohnung zu stören."* Aha. Aber wie soll das gehen?

Besser ist: Du gestehst dir ein, dass es dich nervt, und stellst dich deinem Chaos. Die Socken vom Fußboden in die Waschmaschine, die Teller abgewaschen und den Staub von dem Fensterbrett gefeudelt.

Genauso ist es mit deinen Gefühlen. Sie werden nicht verschwinden, solange du sie leugnest. Im Gegenteil. Sie sind viel mächtiger als dein Wille. Und es kann sehr hilfreich sein, mit ihnen zusammenzuarbeiten, um deinen Willen zu bekommen.

Deine Angst und andere unangenehme Gefühle benötigen, dass du sie ernst nimmst. Du löst unangenehme Gefühle auf, indem du sie zulässt. Indem du sie bewusst spürst.

Der innere Gefühls-Mix bei Mutproben

Es gibt drei unangenehme Gefühle, deretwegen die meisten Mutproben scheitern:

1. Angst

2. Scham

3. Das Gefühl von „Das bin nicht ich"

Es gibt weitere unangenehme Gefühle. Aber wir beschränken uns auf diese, weil sie zusammen einen Großteil der Fälle ausmachen.

ANGST

Angst ist das bekannteste unangenehme Gefühl. Wenn du Bammel hast, erlebst du ein menschliches Grundgefühl. Angst soll dich auf mögliche Gefahren in der Zukunft hinweisen. Jedes Mal, wenn du also ängstlich bist, hat das mit einem möglichen Verlust zu tun.

Jedoch ist Angst nicht immer gleich Angst. Für deine Mutprobe kannst du **phantasierte und echte** Angst unterscheiden. Echte Angst ist alles, was mit realen Gefahren zu tun hat: An einer steilen

Klippe zu stehen und Höhenangst zu erleben (Verlust des Lebens).

Eine Horde pöbelnder Fußballfans auf dich zukommen zu sehen und Angst davor zu haben, vermöbelt zu werden (Verlust von Gesundheit). Oder die sehr reale Angst, nicht genug Torte am Kaffeetisch zu bekommen (Tortenverlust).

Phantasierte Ängste hingegen sind solche, bei denen du keinen realen Gefahren ausgesetzt bist. Du bildest dir schlimme Konsequenzen nur ein. Zum Beispiel, dass dein Partner die Beziehung mit dir beendet, wenn du ihn auf seinen Raucher-Mundgeruch hinweist. Oder dass du unter der Brücke landest, wenn du bei einem Bewerbungsgespräch abgelehnt wirst. Alles Pseudogefahren.

Leider wirst du zunächst nichts gegen deine Phantasien tun können. In Wahrheit sucht sich keiner von uns aus, was wir denken. Die Gedanken kommen ganz von selbst, du kannst es kaum verhindern. Du bist nicht dafür verantwortlich, was du denkst. Denn du selbst bist es gar nicht, der dir einen Gedanken nach dem anderen in den Sinn kommen lässt. **Es ist nur ein Teil von dir, der denkt. Der Denker.** Du wirst gedacht.

Der „Denker" verknüpft gelernte Denkmuster mit aktuellen Situationen. Also alles, was du irgendwie aufgeschnappt hast. Als Kind wurde vielen von uns Angst gemacht, um uns in eine bestimmte Richtung zu lenken:

„Wenn du in der Schule nicht lernst, wirst du auf der Straße landen."

„Wenn du nicht machst, was Mama und Papa sagen, haben sie dich nicht mehr lieb."

Derlei Gedankenmuster spult dein Denker immer wieder ab, halt nur in Bezug auf die aktuelle Situation. Manchmal denkt sich dein Denker die wildesten Sachen aus. Wenn du die alle glaubst, bekommst du Angst.

Die gute Nachricht:

Du kannst ein Stück weit entscheiden, was du glaubst und was nicht. In Bezug auf deine Mutprobe werden die meisten deiner Sorgen eher hinderlich sein. Sie entstehen nur deshalb, weil du etwas Neues probierst. Das kennt dein Denker noch nicht. Deswegen gibt es dazu auch noch keine positiven Gedanken, sondern nur Gedanken, die bisher verhindert haben, dass du dieses Neuland betrittst.

Wir, Steffen und Martin, sind uns einig: Unsere Denker fabrizieren viel Kram. Indem du deine Katastrophengedanken zulässt und überlegst, wie du im schlimmsten Fall handeln würdest, nimmst du ihnen einen Großteil ihres Schreckens. Du findest dazu eine Übung im Workshopteil dieses Kapitels.

„Dein Denker meint es gut, aber glaube bitte nicht alles, was er dich denken lässt."

SCHAM

Scham ist ein Gefühl von Falschsein („Du bist nicht okay, so wie du bist."), ohne zu wissen, warum. Es ist ein anspruchsvolles Gefühl. Während du Angst konkret in einer Körperregion fühlen kannst, meistens im Bauch, lässt sich Scham nur schwer ausmachen. Sie bleibt gefühlsmäßig **diffus** und lässt sich oft nur umständlich beschreiben. Deswegen können wir oftmals auch schlecht damit umgehen. Am ehesten nehmen wir wahr, dass wir unklar werden und gefühlsmäßig anfangen zu schwimmen. Wir lavieren.

Scham tritt immer dann auf, wenn wir gegen verinnerlichte Normen verstoßen. Wenn du von Kindesbeinen an gelernt hast, dass du mit Zurückhaltung glänzen sollst, dann wird sich wahrscheinlich ein Schamgefühl bei dir einstellen, wenn du nach vorne preschst.

Bei deiner Mutprobe ist es hilfreich, deine Schamgefühle auszuhalten und trotzdem das zu tun, was du dir vorgenommen hast. Du musst nicht obercool sein. Bleib authentisch und handle mit hochrotem Kopf und Wackelpudding-Knien. **Der Erfolg deiner Mutprobe bemisst sich nicht daran, wie**

du sie bewältigst, sondern daran, dass du sie überhaupt durchführst.

Du kannst Scham auch in einer ruhigen Minute bespüren, so wie wir es dir im Workshopteil dieses Kapitels zeigen werden. Scham gibt es gratis dazu, wenn du dich veränderst. Du bist im Wachstumsmodus. Sie ist lediglich ein Zeichen dafür, dass du aus der Kindheit verinnerlicht hast, aber veraltete oder nicht zu dir passende Normen aufbrichst. Je öfter du in solche neuen Situationen gehst, desto weniger Scham wirst du empfinden.

„Scham gibt es gratis dazu,
wenn du dich veränderst."

DAS STÖR-GEFÜHL VON „DAS BIN NICHT ICH"

Das Gefühl von „Das bin nicht ich" ist so ein glucksig-mulmiges Gefühl, das auftreten kann, wenn wir gegen unsere Gewohnheiten handeln.

Du willst in Gruppen mehr aus dir herausgehen und hast dafür bereits einen Versuch unternommen. Doch als du dich dann gezeigt hattest, fühlte sich das irgendwie falsch an. Deswegen glaubst du nun, dass du dich verstellst, wenn du in den Mittelpunkt trittst. Doch du kannst dich auf diese Sinneswahrnehmung nicht unbedingt verlassen.

Das, worauf du gestoßen bist, ist vermutlich nicht dein tiefstes innerstes Selbst. Es ist **bloß deine Gewohnheit**, dass du in solchen Situationen eher zurückgezogen bleibst.

Du hast wahrscheinlich seit deiner Kindheit trainiert, unter dem Radar zu bleiben, und das vielleicht sogar noch mit einigen Werten verknüpft.

Ganz nach dem Motto: „Mehr Sein als Schein". Klar fühlt sich das zuerst falsch an, wenn du auf einmal etwas anderes machst.

Menschen mit einer schlechten Körperhaltung glauben auch, dass ihre Ausrichtung die richtige ist, weil sie sich richtig anfühlt. Doch jeder von außen kann erkennen, dass sie Hängeschultern haben oder ein Hohlkreuz. Korrigiert man die Körperhaltung, wird sich das sofort falsch anfühlen. Nach einigen Sekunden haben sie wieder ihre Hängeschultern, weil die sich richtig anfühlen.

Das Gefühl von „Das bin nicht ich" ist in Wahrheit gar kein Gefühl. Es ist ein Gedanke über eine Art Irritationsgefühl. Du fühlst dich in deiner Identität angegriffen. Schenke dem Eindruck von „Das bin nicht ich" kein Vertrauen. Bleib dran und sieh die Turbulenzen als Zeichen dafür, dass du alte Gewohnheiten aufbrichst und dein Repertoire an Persönlichkeitsfacetten erweiterst.

Alle Mutigen gehen schrittweise durch Phasen von Störgefühlen. Lass dich nicht von gefühlsmäßigen

Irritationen am Anfang deiner Mutprobe ab-schrecken.

Wie du deine Gefühle besser wahrnehmen, akzeptieren und auflösen kannst

Jetzt haben wir viel darüber geredet, dass du deine Gefühle nicht ablehnen sollst. Das liest du in jeder x-beliebigen Zeitschrift. Was die Zeitungen bloß nie verraten, ist, **wie** das genau geht.

Hier bekommst du eine Antwort.

„DAS SCHWARZE LOCH" (FALLSTUDIE)

Eine Klientin von Steffen hatte ein übermäßig ausgeprägtes Pflichtgefühl. Sie traute sich nicht, sich ihrer Mutter zu widersetzen. Rief ihre Mutter an und beschwerte sich darüber, dass sie nicht genügend Hilfe bekam, spürte die Klientin sofort Scham. Also ein Gefühl von „Ich bin nicht okay".

Als Steffen dann nachfragte, **wo** das Gefühl in ihrem Körper sei und **was** es dort mache, ant-wortete sie:

„Es fühlt sich an wie ein schwarzes Loch in meinem Bauch.“

Wenn du an ein großes schwarzes Loch denkst, kommt da in dir auch sofort ein ablehnendes Gefühl auf?

Keiner will ein schwarzes Loch haben.

Schon gar nicht in seinem Bauch.

Was, wenn das Loch größer wird? Schluckt es uns dann?

Was unsere Gefühle erst schlimm werden lässt, ist die **Verschmelzung mit unseren Gedanken**. Das Bildhafte ist nämlich streng genommen gar kein exaktes Gefühl.

Das schwarze Loch, der Kloß im Hals usw. sind in Wahrheit Gedanken. Es sind **Gedanken über das Gefühl**. Erst diese Gedanken bewirken, dass wir das, was wir da fühlen, als schlimm empfinden, ohne es genau benennen zu können.

Die meisten Menschen haben eine gewohnheitsmäßige **Verschmelzung** zwischen Gefühlen und Gedanken. Bei ihnen sind Gedanken und Gefühle miteinander verklebt. Sie können sie nicht auseinanderhalten.

Das schwarze Loch ist ein Gedanke. Das kannst du daran erkennen, dass ein konkretes Bild erzeugt wird oder dein Denker dir das Wort „schwarzes

Loch" in den Sinn gibt.

 „schwarzes Loch"

Gedanken bestehen immer aus Bildern oder aus Sprache. Wenn kein Bild auftaucht oder dein innerer Sprecher nichts vor sich hin säuselt, hast du keinen Gedanken.

Wenn wir vom schwarzen Loch, von der Beklemmung, vom Kloß im Hals oder der Last auf unseren Schultern sprechen, dann sind das Gefühle, die keiner haben will. Auf Psycho-logisch gesprochen, machst du damit deine Gefühle schlecht. Indem du deine Gefühle mit schlimmen Bildern verknüpfst, entsteht ein unangenehmes und immer stärker werdendes **Wechselspiel, ein Gefühls-Gedanken-Ping-Pong**.

Dieses innere Tischtennis kann sich bis zur Panikattacke hochschaukeln und damit zur völligen Handlungsunfähigkeit. Nein, danke!

Wir brauchen mehr Präzision, um besser mit unseren Gefühlen umgehen zu können.

Ein **Gefühls-Mikroskop** sozusagen.

Steffen bat seine Klientin, doch noch einmal genauer hinzuspüren, was sich denn da tatsächlich in ihrem Bauch abspielte:

> *„Woraus besteht das schwarze Loch?"*

> *„Was geschieht genau, dass du glaubst, dass da ein schwarzes Loch sei?"*

Sie spürte hin. Es dauerte ein paar Momente. So genau hatte sie ihre Gefühle ja noch nie mikroskopiert. Dann kam die Antwort:

> *„Es ist ein **Ziehen**."*

Steffen fragte weiter:

> *„Und wohin geht dieses Ziehen? Nach oben, unten, links, rechts, nach außen oder nach innen?"*

> *„Es geht nach oben, Richtung Solarplexus."*

Steffen fragte noch einmal nach:

> *„Dein schwarzes Loch besteht also aus einem Ziehen vom oberen Bauch bis zum Solarplexus?"*

Die Klientin bestätigte und musste auf einmal etwas schmunzeln. Ihr wurde bewusst: Es war nur ein Ziehen, was sie durch die Verschmelzung mit ihren Gedanken als schwarzes Loch interpretiert hatte.

Sie konnte ihr Gefühl zum ersten Mal ganz deutlich wahrnehmen – eben als ein Ziehen. **Gedanke und Gefühl waren entklebt**.

Sie hatte während des Spürens vollen Zugriff auf ihre Denkfähigkeit und war nicht in ihrem Pflichtgefühls-Film gefangen.

Steffens Klientin spürte ungefähr zehn Minuten hin. Sie beobachtete das Ziehen, als ob sie Fische in einem Aquarium beobachten würde.

Sie konzentrierte sich dabei immer wieder neu auf das exakte Ziehen. Das tat sie vor allem auch dann, wenn abschweifende Gedanken auftauchten. Die kommen mitunter innerhalb von Sekunden.

Ja, das Abschweifen kommt schnell. Doch sobald sie merkte, dass sie an etwas anderes dachte, **fokussierte sie sich wieder neu** aufs Hinspüren.

Dabei stellte sie fest, dass das Zieh-Gefühl gar **nicht schlimm, sondern nur unangenehm** war. Anfangs schien sich das Ziehen nicht zu verändern.

Doch dann wurde es intensiver. Die Klientin wurde nervös. Steffen beruhigte sie und gab ihr zu verstehen, dass das völlig normal sei. Also spürte sie weiter nach. Nach einiger Zeit fluffte das Gefühl in den Rippenbogen.

Es veränderte seine Form. Je länger sie sich auf das Gefühl konzentrierte, desto klarer wurde ihr: Das Gefühl war nicht einmal unangenehm.

Es existierte einfach. Eine Bewertung war gar nicht mehr nötig. Die Klientin saß ruhig, hatte den Blick gesenkt und spürte.

Irgendwann sagte sie zu Steffen:

„Jetzt habe ich einen Kloß im Hals.“

Steffen fragte nach:

„Also ist das Ziehen im Bauch völlig verschwunden?“

„Ja.“

Steffen fragte weiter:

„Und der Kloß im Hals: Ist das etwas Neues?“

Die Klientin spürte hin.

„Ja, das ist etwas Neues. Ein neues Gefühl. Mir wird gerade klar, dass unter meinem Pflichtgefühl eine Angst steckt. Und die sitzt im Hals.“

Das Ziehen (vergedanklicht: Pflichtgefühl) hatte sich durch genaue Beobachtung nach circa zehn Minuten völlig aufgelöst. Allein dadurch, dass die Klientin es geortet und neutral erspürt hatte. Darunter verbarg sich in diesem Fall noch ein weiteres Gefühl. Eine Angst. Die Angst nämlich, dass ihre Mutter nichts mehr mit ihr zu tun haben wollte, wenn sie nicht tat, wie ihr geheißen.

Diesen Kloß im Hals, der in Wirklichkeit nur ein Druck in Richtung Halsmitte war, kann man dann auch erspüren. Genauso wie das Ziehen im Bauch. Auf diese Weise lösen sich die Gefühle auf. Am Ende dieser Arbeit steht eine innere Ruhe. Man ist an einem gefühlsmäßig neutralen Punkt angelangt. Emotionale Freiheit. Das verändert die Sichtweise auf das Thema.

Die Klientin sagte: *„Ich werde helfen, wenn es für mich passt. Wenn meine Mutter deswegen den Kontakt abbricht, dann kann ich das nicht ändern."* Sie wirkte gelassen, jedoch nicht gleichgültig. Sie traute sich jetzt, ihr eigenes Ding zu machen.

Ein anderer Klient stellte sich seiner dritten Prüfung im Todversuch. Er hatte Angst, dass er durchs Studium fallen würde. Nach einer Gefühlsarbeit schrieb er Steffen diese Mail:

„Ich war gestern ein bisschen wie in einer Blase nach der Prüfung. In einer erleichterten. Überhaupt geht's mir irgendwie gut. Hab das Gefühl, es hat mich ewig begleitet, diese eine Prüfung.

Es war nicht leicht. Ich hab mich durchgearbeitet und zwei Aufgaben nicht gelöst. Bis zur letzten Minute gearbeitet.

Es wird sicher knapp. Ich bin nicht sicher, ob ich es gepackt hab, aber ich bin ganz ruhig. Ich hab das Gefühl, mein Bestes gegeben zu haben."

An der bisherigen Ursache für seine Angst hatte sich nichts geändert. Nur seine Angst war verschwunden. Dadurch hatte er eine gelassene Haltung entwickelt. Wenn sich Gefühle auflösen, bleibt die eigentliche Ursache bestehen. Zum Beispiel das mögliche Scheitern deiner Mutprobe. Durch die Gefühlsarbeit erlangen wir jedoch eine akzeptierende Haltung gegenüber dem Sachverhalt. Wir verarbeiten ihn und können deswegen viel besser mit ihm umgehen.

Gefühle akzeptieren und auflösen in drei Schritten

Jetzt zeigen wir dir, wie du deine Gefühle erspüren kannst.

Das ist mitunter gar nicht so einfach, weil viele von uns durch unsere Erziehung nicht über die **Gefühls-Grundschule** hinausgekommen sind.

Wie auch?

Zum Beispiel hält sich der weit verbreitete Glaube, dass unsere unangenehmen Gefühle etwas Schlimmes bedeuten. Das ist ein Grund dafür, dass einige nichts mit ihren Gefühlen zu tun haben wollen. In der Gefühlsschule wäre das eine glatte 6! Es stimmt einfach nicht. Das Gegenteil ist der Fall: **Deine Gefühle weisen dich auf Missstände hin.** Du sollst mit ihrer Hilfe Erfahrungen verarbeiten.

Die wenigsten haben sich jemals bewusst mit ihrem Gefühlsleben auseinandergesetzt. Es existiert die stillschweigende Annahme, dass sich unser Gefühlsleben schon ganz von allein in die richtige Richtung entwickeln wird. Das ist jedoch selten der Fall. Unsere Eltern können auch nichts dafür, denn sie sind oftmals ebenso Gefühls-Grundschüler geblieben. Sie hatten noch viel weniger Zugang zu psychologischem Wissen als wir heute.

Um weiterzukommen und dein **Gefühls-Abitur** anzutreten, braucht es Übung. Dadurch reift deine Gefühlswelt nach.

Tatsächlich sind unsere Gefühle lediglich **wahrnehmbare Bewegungen** in unserem Körper. Gefühlsregungen können sich z. B. als Drücken, Ziehen, Wandern oder Drehen äußern und in ihrer Anmutung und Intensität als stark/schwach oder angenehm/unangenehm empfunden werden. Zum Beispiel ein Drehen in der Bauchgegend. Oder ein Drücken in der Brust. Oder ein Kribbeln in den Händen. Wenn du ängstlich bist und dich dann bewusst auf das Spüren der **tatsächlichen Bewegung** in deinem Körper fokussierst, verliert sie ihren Schrecken. Für das Erspüren von Gefühlen empfehlen wir dir, einen ruhigen Ort zu wählen.

„Gefühle kannst du als Bewegungen in deinem Körper spüren."

SCHRITT 1: EINGESTEHEN

Ziehe dich an einen Ort zurück, wo du fünf bis zehn Minuten ungestört sein kannst. Rufe dir die unangenehme Situation vor dein inneres Auge, sodass du in Kontakt mit deinem Gefühl kommst.

Gestehe dir deine unangenehmen Gefühle ein! Sieh hin. Sage zu dir selbst:

„Ja, ich habe Angst, meinem Partner zu sagen, dass er Mundgeruch hat. Ich möchte ihn nicht kränken und riskieren, dass er sich von mir zurückzieht."

SCHRITT 2: DAS GEFÜHL FINDEN

Hast du dir deine Angst oder ein anderes unangenehmes Gefühl eingestanden, kommt ein nächster wichtiger Schritt, den die meisten Menschen erfolgreich verlernt haben: Hinzuspüren. Dorthin, wo es unangenehm ist.

Wo genau sitzt das Gefühl in deinem Körper?

Du kannst dir sicher sein, dass sich irgendwo ein Gefühl in dir befindet, sobald du dich in irgendeiner Weise schlechter als „neutral" fühlst. Suche danach, indem du geduldig abwartest und hinfühlst, wo sich in deinem Körper etwas regt.

Falls du es nicht sofort findest, probiere einfach mal das Gegenteil aus und spüre, wo das Gefühl NICHT zu spüren ist:

„Ist es im großen Zeh?"

„Nein."

„Ist es in der Hand?"

„Nö."

Meistens reicht es aus, zwei Orte zu finden, an denen sich das Gefühl nicht äußert, um es dann an einer anderen Stelle besser zu lokalisieren.

Übrigens: Die meisten Gefühle sitzen im Bauch, in der Brust, im Hals und im Kopf.

SCHRITT 3: GENAU HINSPÜREN

Sobald du erspürt hast, wo das Gefühl in deinem Körper sitzt, geht es darum, hinzufühlen, **was genau** dort passiert.

Zieht es? Drückt es? Pulsiert es? In welche Richtung bewegt es sich? Nach innen oder nach außen? Nach oben oder nach unten? Nach links oder nach rechts? Das Gefühl hat meistens eine Form. Spüre dessen Außenseite nach.

Jetzt kommt es darauf an, das Gefühl so genau wie möglich zu mikroskopieren und zu bespüren. Nimm alles wahr, was passiert. Beobachte deine Gefühle so genau wie Fische in einem Aquarium. Sobald du durch Gedanken abgelenkt wirst, kehre zum Spüren zurück.

Gefühls-Beobachtung: 7 Tipps

Wichtige Hinweise für den Prozess des Hinspürens:

1. Anfangs wird es häufiger passieren, dass dir während des Fühlens deine Gedanken dazwischenfunken. Das ist völlig normal. Zu lange haben wir schon die Gewohnheit, dass Gedanken und Gefühle **verklebt** sind. Deswegen fallen wir schnell zurück in dieses alte Muster. Doch je öfter Gefühle und Gedanken entkoppelt werden, desto mehr löst sich die alte Gewohnheit auf und du kannst länger das Gefühl in seiner Reinheit beobachten. Falls sich Gedanken einschalten, richte deine Aufmerksamkeit wieder aufs Spüren.

2. Gefühle sind von ihrer Natur so angelegt, dass sie schnell und flüchtig sind. **Wenn sich ein Gefühl über einen langen Zeitraum hält, dann wird es nicht neutral gespürt** (> nächster Punkt). Das ist dann ein Hinweis auf eine Verklebung mit Gedanken.

3. Neutral spüren: **Es müssen Bewegungs- oder Kraftbeschreibungen sein**, um das Gefühl zu erspüren. Ein Ziehen, ein Drücken, ein Pulsieren, ein Kribbeln. Das ist anfangs gar nicht so einfach.

Oftmals sagen Klienten, dass es sich so anfühlt, als ob gleich etwas Schlimmes passiert. „Etwas Schlimmes" ist kein Ausdruck von Gefühlen, sondern von Gedanken. Wenn es dir den Hals „zuschnürt", ist das eine Bewertung. Genauso „feurig", „winden", „kalter Schauer" oder wenn etwas „im Nacken" sitzt. Sobald dir das passiert, spüre noch einmal genau nach, bis du die Bewegung oder Kraft klar benennen kannst. Du löst dann vermutlich ein ziemlich altes Muster auf. Gib dir Zeit zum Üben und Experimentieren.

4. Es kann durchaus sein, dass deine Gefühle **auch erst einmal stärker werden**, wenn du anfängst, sie zu spüren. Sie treten dann in ihrem vollen Ausmaß in Erscheinung. Psychotherapeuten nennen dieses Phänomen Erstverschlimmerung. Falls dir deine Gefühle zu heftig werden sollten, kannst du das Bespüren jederzeit unterbrechen und einfach später fortsetzen. **Du kannst in Etappen spüren.** Jedes Spüren mit mikroskopischer Qualität wird dein Gefühlsleben weiterentwickeln. Auch wenn du die Fortschritte vielleicht noch gar nicht wahrnimmst. Sollten deine unbequemen Gefühle so stark sein, dass du dich ihnen allein nicht stellen kannst, dann sei so mutig und suche dir bitte professionelle Unterstützung.[5]

---

[5] Du kannst dich beispielsweise von Steffen coachen lassen unter mein-mutbuch.de

5. Manchmal wandert dein Gefühl beim Spüren in deinem Körper umher. Es verschiebt sich. Das ist völlig normal. Gehe mit allem mit, was es macht. **Beobachte das Gefühl wie einen Fisch im Aquarium.**

6. Wenn du deine Gefühle beobachtest, brauchst du dich zunächst nicht um deren Ursache zu kümmern. Denn durch die Beobachtung **verändert sich deine Haltung gegenüber der Ursache** ganz automatisch. Wenn du vorher Prüfungsangst hattest, wirst du gelassen bleiben. Du wirst deine Chancen realistischer einschätzen und dich nicht mehr verrückt machen. Das hat nichts mit Gleichgültigkeit zu tun.

7. **Sobald wir fühlen, dehnt sich unser Zeitempfinden extrem aus.** Eine Minute kommt uns wie eine gefühlte Ewigkeit vor. Das setzt viele Menschen unter Zeitdruck. Gib dir mehr Zeit zum Hinfühlen. Stell dir deinen Handytimer auf drei Minuten, dann brauchst du nicht über die Zeit nachzudenken.

Fazit

DEINE UNANGENEHMEN GEFÜHLE

- Wenn du Scham empfindest, dann kannst du sicher sein, dass du dich im **Wachstumsmodus** befindest. Halte sie aus, so gut es geht, und setze um, was du dir vorgenommen hast. Die Stärke liegt darin, dass du etwas wagst. Egal, wie es aussieht.

- Durch Training kannst du dir viele Fähigkeiten und Eigenschaften aneignen, die du dir wünschst. Auch wenn es sich anfangs vielleicht noch wie „Das bin nicht ich" anfühlt.

- Du bist nicht verantwortlich für deine Gedanken, sondern nur für das, was du aus ihnen machst. Glaube nicht alles, was dir in den Sinn kommt.

- Unsere unangenehmen **Gefühle sind lediglich Bewegungen oder Kräfte** in unserem Körper wie Drehen, Drücken, Ziehen oder Kribbeln. Sie werden erst schlimm, wenn du sie mit negativen Gedanken verknüpfst.

- Schließe Frieden mit deinen Mulm-Gefühlen, indem du sie spürst (> Workshop dieses Kapitels).

Workshop für deine Mutprobe

LASS DIR DIE „LUFT WEGBLEIBEN" (TEIL 1)

Durch diese Übung kommst du in Kontakt mit deinen Gefühlen, indem du einfach aufhörst zu atmen. Ziemlich bald wird sich dein Atemimpuls melden. (Es geht nicht darum, lange die Luft anzuhalten. Es geht nur darum, den Gefühlsimpuls zu spüren und zu beobachten.)

Schritt 1: Atme ganz normal aus und höre dann auf zu atmen.

Schritt 2: Warte und spüre, wo genau sich in deinem Körper der Impuls zum Einatmen meldet.

Schritt 3: Spüre ganz genau nach, was der Impuls macht. Zieht er? Drückt er? Pulsiert er? Beobachte das Phänomen.

Wichtig: Bitte rechtzeitig wieder einatmen.

Wiederhole die Übung mehrfach, bis du deinen Atemimpuls ganz klar beobachten kannst.

LASS DIR DIE „LUFT WEGBLEIBEN" (TEIL 2)

Schritt 1: Atme wieder ganz normal aus und stoppe deinen Atem.

Schritt 2: Erspüre den Atemimpuls wieder. Doch richte dieses Mal deinen Fokus darauf, wie der Impuls es macht, dass er dich irgendwann wieder zum Atmen zwingt.
Achte darauf, dass du genau nachspürst, wie das Gefühl arbeitet.

Hast du bemerkt, dass du die Luft länger anhalten kannst, wenn du das Gefühl mikroskopisch sauber beobachtest? Es geht jedoch nicht darum, den Weltrekord im Luftanhalten aufzustellen. Es geht nur darum, dass du den körperlichen Impuls **besser kennenlernst.**

Beginne sofort damit, weiter zu atmen, wenn der Druck zu groß wird. Wir wollen nicht, dass du blau anläufst.

Wenn Steffen die Luft anhält, dehnt sich von der Brust bis in die Arme ein Druck aus. Bei anderen wandert er hoch in den Hals. Die Intensität nimmt zu. Wo der Atemimpuls sitzt und was er genau tut, ist von Person zu Person unterschiedlich. Bei vielen sitzt er in der Brust. Aber das muss nicht so sein. Wichtig ist, dass du deine individuellen Abläufe erforschst und dass du lernst, feiner wahrzunehmen, was sich in deinem Körper abspielt.

KATASTROPHEN-PHANTASIEN ZULASSEN

Viele Ängste sind nicht real, sondern speisen sich aus Phantasien. Salopp gesagt sind es Hirngespinste. Indem du deine Katastrophen-Phantasien zulässt und dir überlegst, wie du dich verhältst, wenn sie tatsächlich eintreten sollten, verlieren sie den Großteil ihres Schreckens und deine Gefühle verändern sich.

Wie stark ist deine Angst in Bezug auf deine Mutprobe auf einer Skala von 1-10?

1	2	3	4	5	6	7	8	9	10

↑ Nicht vorhanden   Sehr stark ↑

Deine Reaktion in unterschiedlichen Fällen:

a. Welche schlimmen Szenarien könnten eintreten?
b. Wie könntest du im Fall A, B bzw. C adäquat reagieren? Besprich ggf. deine Reaktionen mit jemandem.

Wie wahrscheinlich ist es, dass dein
Horrorszenario/deine Horrorszenarien eintreten?

◯ ··· ◯ ··· ◯ ··· ◯ ··· ◯ ··· ◯ ··· ◯ ··· ◯ ··· ◯ ··· ◯
1   2   3   4   5   6   7   8   9   10

↑ *Unwahrscheinlich*   *Sehr wahrscheinlich* ↑

Jetzt überlege dir für jedes schlimme Szenario separat,
wie du klug reagieren könntest, falls es eintreten sollte.
Wenn dir nichts einfällt, überlege dir, wie jemand
Souveränes damit umgehen würde. Wenn dir immer
noch nichts einfällt, dann frage jemanden, der sich mit
einer solchen Situation gut auskennen könnte.

....

....

....

....

Spüre nach, ob sich deine Ängste verringert haben. Wie
stark ist deine Angst noch?

◯ ··· ◯ ··· ◯ ··· ◯ ··· ◯ ··· ◯ ··· ◯ ··· ◯ ··· ◯ ··· ◯
1   2   3   4   5   6   7   8   9   10

↑ *Nicht vorhanden*   *Sehr stark* ↑

Checkliste und Übung

GEFÜHLE AKZEPTIEREN. SO GEHT'S:

1. Nimm dir etwas Zeit und führe dir deine Mutprobe vor Augen. Richte deinen Fokus auf das, was dir Sorgen bereitet.

2. Werde dir deines unangenehmen Gefühls bewusst, indem du nachspürst, wo genau es sich in deinem Körper befindet. Lass die Bewertung beiseite und konzentriere dich auf das Spüren. Wo sitzt das Gefühl? Im Bauch / Hals / Kopf / Brust / Rücken?

3. Wenn du die Stelle in deinem Körper ausgemacht hast, spürst du anschließend beobachtend nach, welche Kraft oder welche Bewegung das Gefühl dort ausübt. Suche nach einer Beschreibung: Dreht es? Zieht es? Drückt es? Kribbelt es? Brennt es?

4. In welche Richtung vibriert / pocht / bewegt / strahlt es? Nach oben oder unten? In dich hinein oder aus dir heraus? Sei präzise. (Gefühle haben immer eine Bewegung oder Präsenz. Und sei es, dass sie bloß auf der Stelle drücken / pulsieren / oszillieren.)

Auf mein-mutbuch.de haben wir dir ein Video gepostet, mit dem du lernen kannst, wie du deine Gefühle noch besser beobachtest.

KAPITEL

PRAKTISCHE FALLSTUDIEN ZUM NACHMACHEN

Begleite uns in den tiefen Wald, auf 3.000 Meter Höhe und in den Dschungel der Arbeitswelt.

Wir erzählen dir zur Vertiefung vier Erfolgsgeschichten, bei denen der Sprung über den eigenen Schatten gelang.

(1) Für sich selbst sorgen

Shania absolviert gerade ein Praktikum.

Mittags geht sie mit ihren Kollegen in die Kantine. Doch beim Essen wird ihr regelmäßig langweilig. Die Gesprächsthemen öden sie an oder sie versteht sie nicht.

Aber sie traut sich auch nicht, genauer nachzufragen, weil sie von den anderen nicht für dumm gehalten werden will. Also sitzt sie nur da und sagt nichts. Eigentlich möchte sie am liebsten aufstehen und noch einen Spaziergang machen. Aber sie fürchtet, dass die anderen sie dann komisch angucken oder über sie reden werden.

Während sie von außen betrachtet zwar ruhig und schweigsam dasitzt, rotiert ihr Gehirn. Sie fühlt sich unwohl. Doch was tun?

In einem unserer Mut-Seminare trägt Shania ihr Problem der Gruppe vor. Es wird klar, dass sie die ganze Zeit nach einem Sicherheitsanker sucht, einer Norm, nach der sie ihr Verhalten ausrichten kann. Aber sie findet nichts. Woran soll sie sich in der neuen, unbekannten Situation des Arbeitslebens orientieren? Durch den Input der Gruppe kommt sie auf die Idee, dass sie ihre **eigenen Bedürfnisse als roten Faden** für ihr Verhalten wählen könnte.

Die **Leitfrage** dazu lautet:

„Was möchte ich in diesem Augenblick?"

Die Gruppe ermutigt sie, ihren Bedürfnissen mehr zu vertrauen. Shania gelobt, dass sie beim nächsten Mal nach dem Essen aufstehen wolle, um spazieren zu gehen, statt pflichtbewusst sitzen zu bleiben und den ihr nichts bringenden Gesprächen zu folgen.

Am nächsten Tag entschuldigt sie sich mittags mit unsicherer Stimme bei den Kollegen: Sie wolle noch spazieren gehen. Doch zu ihrer Überraschung nicken alle freundlich, keiner stört sich daran. Das verwundert sie.

Sie hat den Frust von vorher gegen zwei neue Gefühle eingetauscht: Unsicherheit und Verwunderung.

Und am übernächsten Tag bleibt Shania dann doch wieder sitzen. Aber nun nicht aus Pflichtgefühl, sondern aus Neugier. Denn dadurch, dass sie ihre Angst gestern überwunden hat, blickt sie nun selbst etwas gelassener auf ihre Kollegen – und heute erscheint ihr das Gesprächsthema sogar interessant. Sie traut sich, eine Frage zu stellen, obwohl ihre Wangen erröten, aus Sorge, für dumm gehalten zu werden. Und hier, wiederum überraschend für Shania, erfolgt eine wohlwollende Erklärung des Sachverhalts. Den Kollegen war einfach nicht präsent, dass sie über etwas redeten, das für einen Neuling nicht selbstverständlich ist.

FAZIT

Shania suchte nach Normen im Außen, um sich korrekt zu verhalten. Jedoch gab es keine. Sie wertete ihre Interessen zunächst ab. Doch durch die Gruppe (> sich Hilfe holen, Kapitel 3) wurde sie ermutigt, auch auf die eigenen Bedürfnisse zu schauen: *„Was will ich in dieser Situation eigentlich?"* Trotz Unsicherheit (> Kapitel 4) wagte sie ihre Mutprobe.

„Jeder bewusste Lernakt setzt die Bereitschaft voraus, eine Verletzung des Selbstwertgefühls zu erleiden ..."

Thomas Szasz

(2) Der Urangst ins Auge sehen

Martin berichtet:

Meine Eltern hatten ein Haus mit großem Garten in Waldnähe. Wenn sie nachts nicht da waren und es draußen richtig finster war, kam eine ganz schön gruselige Atmosphäre auf. Neben dem Grundstück führte zudem eine Gasse vorbei, in der immer mal wieder komische Gestalten herumlungerten und ihre Bierflaschen über den Zaun warfen.

Die Folge: **In mir steckte eine Angst**, die sofort aufploppte, wenn ich allein im Dunkeln war. Das wollte ich ändern und nahm mir vor, irgendwann nachts allein im Wald zu schlafen. Ich arbeite gern an meinen Ängsten, denn dann kann ich am meisten lernen!

Im Rahmen des Schreibprozesses zum Mutbuch entscheide ich mich für ein Experiment:

Und schon fahre ich nachts tief durch den Wald. Es ist dunkel und ich schalte die Scheinwerfer aus, die Zündung ebenso, fahre die Fenster herunter …

… und grusele mich zu Tode!

Diese Geräusche, diese Dunkelheit, meine Angst sitzt tief. Meine Atmung geht schneller. Die Angst überkommt mich und übernimmt das Steuer.

Wortwörtlich: Nach nur zehn Sekunden fahre ich das Fenster hoch, lasse den Motor an und düse mit leicht dynamischer Geschwindigkeit aus dem Wald.

Ein Jahr später:

Inzwischen habe ich durch das Arbeiten an verschiedenen Gefühlen (> Kapitel 4) wesentlich mehr Wissen und Erfahrungen beim Hinhorchen und Hinsehen zum Unangenehmen gemacht. Ich wiederhole das Experiment:

Martin allein im Wald.

Ich schalte den Motor aus. Lasse mit pochendem Herzen das Fenster herunter. Mein Ziel: dreißig Atemzüge (ca. zwei bis drei Minuten) lang durchhalten und genau darauf achten, was passiert.

Immer wieder überkommen mich mulmige Angst-Anflüge im Brustraum und Schauer, die meinen Nacken eisig massieren. Das Kribbeln läuft Wirbel für Wirbel über meinen Rücken hinab und will dabei mein Herz mit herunter in die Hose ziehen.

Es ist spannend, da spielt sich gerade ein Horrorfilm inmitten meines Körpers ab.

Und draußen ist es weiterhin ruhig. Ein wenig knistern die Bäume vom Wind, die Eule oder ein anderer Vogel gurrt entfernt.

Ich bin kurz in das Geräusch vertieft, vergesse eine Sekunde meine Angst.

Knacks!

Irgendwo tapst ein Vieh durch den Wald. *„Wahrscheinlich ist es nur ein Hase"*, denke ich mir.

Hoffentlich ist es nur ein Hase!

Ich bleibe dran. An meinem inneren Tumult.

Beim zwölften oder dreizehnten Atemzug merke ich plötzlich, wie meine Gedanken an einer Erinnerung hängen und die Angst schleichend in den Hintergrund getreten ist.

„Ich arbeite gern an meinen Ängsten,
denn so kann ich am meisten lernen!"

... und dann, mit dem achtzehnten oder neunzehnten Atemzug, kommt das unangenehme Gefühl zurück.

Ich beobachte weiter und sehe, dass mein Gefühl in Wellen kommt. Wieder etwas über mich gelernt. Mal ist es stark, nach ein paar Atemzügen wird es schwächer.

Nun sind die dreißig Atemzüge (zwei Minuten ungefähr) vorbei und ich denke:

„Huch ok, dann machst du halt nochmal zehn Atemzüge."

Das Gefühl wird sanfter, es rutscht aus dem oberen Brustraum ein wenig mehr nach unten und nun kribbelt es im Hinterkopf. Die Angst verteilt sich viel gleichmäßiger und ist nicht mehr so punktuell-intensiv auf einer Stelle.

„Interessant", denke ich mir, ohne das zu werten.

Ich werde neugierig.

Was wäre, wenn ich einfach mal kurz aussteigen würde?

Ich schnalle den Gurt ab, mache das Licht aus und steige aus.

Es passiert: Nichts.

Ich lebe noch. Die Blätter säuseln wie zuvor.

Im schwachen Mondschein gehe ich ein paar Schritte nach vorn.

BAM! Das Gefühl ist wieder da.

Es will mich warnen: GEFAHR!

Doch hier ist nichts. Ich kenne den Wald seit meiner Kindheit.

> *„Die Wildschweine haben mehr Angst vor mir als ich vor ihnen", denke ich mir beschwichtigend.*

Das hilft natürlich kaum. Aber was hilft, ist – du ahnst es – weiter zu spüren und zu atmen!

Spüren, atmen, Angst.

Schrittweise taste ich mich vor, fühlend, beobachtend, innerlich achtsam.

Am Ende traue ich meinem Mut kaum: Ich habe es hundertfünfzig Meter bis zur nächsten Kurve geschafft!

Ich blicke aufs Auto. Es fühlt sich ungewohnt an, nachts allein im Wald zu stehen. Doch es geht. Mein Angstgefühl ist deutlich geringer als am Anfang.

Nun kommt **eine soziale Angst** auf à la:

„So etwas macht man doch nicht."

Wenn jetzt jemand durch den Wald fährt und mich sieht, denkt er sicher, was ich denn für ein Perversling bin, dass ich mich nachts so allein im Wald herumtreibe.

Da ich aber durch die Beobachtung meine Angst unter Kontrolle habe und nicht mehr **sie** mich kontrolliert, kann ich nun auch klarer sehen, dass die Angst unbegründet ist – es ist ja niemand hier! Und wenn, könnte ich ihn ja auch fragen: *„Was macht DU denn hier nachts allein im Wald?"*

Nun passiert etwas Unerwartetes: Ich freue mich. Ich rieche plötzlich den holzigen Geruch des Waldes. Herrlich!

Ich bin nun schon über zehn Minuten hier und denke mir: *„Es reicht erstmal."* Ich laufe zurück, und kurz vor meinem Ziel kommt noch einmal eine Angstwelle, dieser Fluchtreflex, hoch.

„S P Ü R E N und beobachten", denke ich mir.

MEINE MORAL DER GESCHICHTE

Ich habe durch das Experiment ziemlich deutlich gemerkt, dass ich meine Gefühle besänftigen kann, wenn ich mich ihnen wohlwollend zuwende. Es war unangenehm zu Beginn – doch machte es mich sehr viel gelassener am Ende. Spannend fand ich zu beobachten, dass die Angst in Wellen kommt und geht und langsam abebbt.

Am Ende aber passierte etwas wirklich Wundervolles: Ich tuckerte mit der gewonnenen Entspannung ganz langsam, fast meditativ, und nur mit Abblendlicht durch den Wald zurück, um den Holzgeruch noch etwas zu genießen. Und plötzlich stand zehn Meter vor mir ein Reh und schaute mich mit seinen großen Augen an ...

... dann lief es unbeeindruckt weiter.

Wow! Ein Reh aus allernächster Nähe in freier Wildbahn zu beobachten, welch eine schöne Belohnung für die Auseinandersetzung mit meiner Angst!

Indem sich meine Angst zurückschraubte, wurde ich harmonischer mit meiner Umgebung, so dass auch diese sich nicht ängstlich zeigte. Klingt ein wenig esoterisch, ist aber ein schönes Learning für mich.

„Wie man in den Wald hineinruft,
so schallt es heraus."
Dt. Volksmund

(3) Sich in Demut üben

Steffen berichtet:

Ich war mit einem Freund in Indonesien und wollte dort auf Bali den Vulkan Agung besteigen, der mit 3.100 Metern Balis höchste Erhebung ist.

Der Aufstieg beginnt um 3 Uhr nachts, damit wir zum Morgengrauen den Gipfel erreichen und den Sonnenaufgang genießen können.

Wir sind eine kleine Gruppe: Vier Männer, eine Frau. Es geht steil bergauf, alle geben ihr Bestes. Doch die Frau stößt beim steilen Nachtaufstieg an ihre Grenzen und fällt ständig zurück.

Wir müssen uns immer wieder ihrem Tempo anpassen und warten.

Das nervt mich. *„Ich will den Sonnenaufgang nicht verpassen"*, denke ich mir!

Zudem bin ich, von der Bundeswehr kommend, ein straffes Marschtempo gewohnt. In meinem Kopf höre ich schräge Gedanken wie:

> *„Warum bucht die überhaupt so eine Tour, wenn die so unfit ist?"*

> *„HALT, STOP!"*

Ich unterbreche bewusst den Gedankengang. Denn ich merke, dass ich aus einer Haltung heraus agiere, die mir nichts nützt. Indem ich andere als Schuldige abstemple, helfe ich mir selbst kein Stück weiter.

Ich hadere mit der Situation. Wenn ich meinen unangemessenen Frust zur Sprache bringen würde, könnte das die Gruppenatmosphäre zum Kippen bringen.

Ich lasse mich ans Ende der Gruppe fallen und überlege, wie ich **die Situation neu bewerten** kann. Bis dahin ging ich immer kurz hinter dem Tourguide.

Ich werde mich aus meiner überheblichen Haltung gesundschrumpfen und eine De-Mutprobe machen. Schrumpfen ist etwas, das die meisten Menschen überhaupt nicht gernhaben. Ich auch nicht. Lieber will ich der Starke sein, der allen überlegen ist. Doch bisher hat es mir nichts als Leid oder schlechte Stimmung gebracht.

Ich versuche, die Situation neu zu bewerten, indem ich mich **in die Frau hineinversetze**:

„Wie würde ich hier am Berg performen, wenn mich Mutter Natur mit dem gleichen Körper wie dem der Frau ausgestattet hätte? Wie lang wären meine Schritte, wenn ich 20 cm kleiner wäre? Wie würde ich mich anstellen, hätte ich nicht jahrelang bei der Bundeswehr Märsche mitgemacht?"

Ich würde wahrscheinlich auch Mühe haben, mit uns langen Kerlen mitzuhalten. Und ich wäre dankbar, wenn es da keinen Nörgler gäbe, der mit seiner schlechten Laune meinen ohnehin schon anstrengenden Aufstieg noch zusätzlich belasten würde.

Auf einmal bekomme ich Mitgefühl mit der Frau. Ich kann genau beobachten, wie sie bemüht und konsequent einen Schritt nach dem anderen geht. Sie beklagt sich nicht. Sie trägt ihr Gepäck allein. Sie geht in ihrem Rhythmus.

Respekt!

Ich halte an und schaue nach oben. Über mir der Sternenhimmel mit tausenden hell leuchtenden Sternen. Es gibt keine Lichtverschmutzung. Nur das Geräusch von ein paar Schritten liegt in der Luft. Ansonsten herrscht die vollkommene Stille der Nachthöhe.

Und dann sind da diese Nacht und dieser Himmel! Ich fühle mich beschenkt von der Schönheit des Moments. Ich könnte diese unfassbare Weite des Himmels gar nicht wahrnehmen, wenn wir nicht so gemächlich laufen würden.

Plötzlich bin ich dankbar. Dankbar für diesen Moment. Er ist ein Geschenk. Es gibt nur wenige Menschen, die einen solchen Himmel zu sehen bekommen. Und möglich gemacht hat das ein scheinbares Hindernis, das mich vor meiner Demutsübung noch total aufgeregt hat. Diese Frau ermöglichte mir, das auch wahrzunehmen.

STEFFENS FAZIT:

Meine arroganten Gedanken haben mir in der Vergangenheit nichts als Ärger eingebracht. Als ich sie bemerkte, nahm ich mir eine Auszeit, indem ich mich ans Ende der Gruppe fallen ließ. Ich stellte meine Gedanken infrage. Das half mir, von meiner überheblichen Position herunterzukommen. Indem ich mich in die Frau hineinversetzte, kam ich in Kontakt mit meinen Gefühlen, statt mir weiter schräge Geschichten zu erzählen. Empathie. Das half mir, den weiteren Aufstieg zu genießen.

„Ich brauche De-Mut, um mich aus meiner übersicheren Arroganz auf Augenhöhe zu schrumpfen. Das bringt mich in Kontakt mit den schönen Seiten des Lebens."

(4) Seine Meinung sagen

Carmen arbeitet in einem Büro. Ihre Chefin sitzt ihr gegenüber und verbreitet oft schlechte Laune in Form von Sticheleien.

Im Nachhinein hat sich schon oftmals herausgestellt, dass es gar nicht um Carmen ging, sondern dass der Frust aus dem Privatleben der Chefin stammte.

Bisher hatte Carmen die negative Atmosphäre ausgehalten und den Ärger aus dem Büro mit nach Hause genommen. Aber sie merkt, dass sie die Nase voll davon hat. Sie will nicht mehr klein beigeben. Einfach mal der Chefin die Meinung sagen: Sie möge bitte ihre privaten Probleme und die der Arbeit besser voneinander trennen und ihre schlechte Laune nicht immer im Büro rauslassen.

Aber warum hatte Carmen ihrer Chefin das so noch nicht gesagt? Na klar, sie macht sich Sorgen. Zum einen hat Carmen Angst vor sich selbst, dass sie die Beherrschung verlieren könnte. Sie könnte sich hineinsteigern und dann ihrer Wut mal richtig freien Lauf lassen. Denn die Sticheleien und die miese Laune der Chefin hatte sie nun schon eine ganze Weile ertragen.

Außerdem befürchtet Carmen, dass ihre Mutprobe zu dauerhaft schlechter Stimmung führen könnte. Sie will nicht, dass die Chefin denkt: „Was ist denn mit der jetzt los? Die ist ja gar nicht mehr nett. Wo ist denn meine liebe Mitarbeiterin hin?" Dieses Image will Carmen nicht verlieren. Sie will nicht als streitlustig dastehen.

Carmen beschließt, etwas zu tun, aber sich vorher gut vorzubereiten. Sie macht eine Kosten-Nutzen-Analyse (> Kapitel 3).

Sie überlegt:

> *„Was will ich erreichen und warum will ich es erreichen? Und was will ich dafür einsetzen? Wie wichtig ist mir eigentlich die gute Stimmung im Büro? Und wie wichtig ist es mir, gut dazustehen?"*

Sie überlegt weiter:

> *„Ist es vielleicht auch hilfreich, einen Konflikt auszutragen, um hinterher gut weiterarbeiten zu können? Hilft es, ein reinigendes Gewitter zu riskieren?"*

Sie entschließt sich, das Problem anzusprechen. Aber in einem guten Ton.

Als Nächstes überlegt Carmen, welche **Rahmenbedingungen** für das Gespräch geeignet wären:

> *„Wo mache ich das? Wann mache ich das? Warte ich auf den nächsten Knall oder suche ich eine ruhige Minute während der Pause?"*

Für Carmen wird klar, dass sie **mehrere Szenarien planen** muss. Deswegen überlegt sie sich, wie sie in einer ruhigen Situation, zum Beispiel in der Kaffeepause, ihre Mutprobe durchführen könnte. Aber sie durchdenkt auch eine Akutsituation, wenn die Chefin miese Stimmung verbreiten und Carmen beschuldigen würde. Auf diese Weise ist sie auf alles vorbereitet.

Carmen legt eine **gedankliche Grenze** fest, die zukünftig nicht mehr überschritten werden soll. Sie will sich nicht mehr verbiegen, nur um Wogen zu glätten, die nichts mit ihr zu tun haben.

Als Carmen nach einer schweren Erkältung wieder zur Arbeit kommt, gibt es extrem dicke Luft. Alle anderen auf der Arbeit werden von der Chefin herzlich begrüßt. Nur Carmen bekommt ein verkniffenes *„Guten Morgen"* von der Chefin entgegengebracht.

Nachmittags bittet die Chefin um ein Gespräch, um die weitere Arbeit zu planen. Zuerst fragt sie, wie es Carmen geht und ob wieder alles paletti sei. Doch schnell schlägt die Stimmung um und es kommt der Vorwurf, dass Carmen eine schlechte Kollegin sei, weil sie die Chefin mit der ganzen Arbeit allein gelassen hätte.

Durch diesen Angriff fällt Carmen zunächst reflexartig in ihr altes Muster zurück und spürt innerlich die Last, die die Chefin ihr gerade übergestülpt hat. Sie glaubt, dass sie an allem schuld sei: An der schlechten Stimmung im Büro und dass die ganze

Arbeit an der Chefin hängen geblieben ist. Carmen spürt den Druck, dass sie sofort eine Lösung für all diese Probleme finden müsste.

Doch dank der intensiven Vorbereitung besinnt sie sich und bekommt die Kurve. Sie hatte so ein Szenario glücklicherweise schon durchdacht und kann sich das nun wieder in Erinnerung rufen. Die vorbereiteten Gedanken und Argumente helfen ihr, etwas aufmerksamer und gefasster zu bleiben.

Dann äußert sie ganz klar und beherrscht ihre Meinung:

„Ich glaube nicht, dass Ihr Frust direkt etwas mit mir zu tun hat. Ich nehme an, dass das von woanders herkommt und ich Ihr Blitzableiter bin.“

Carmen sagt auch, dass sie sich mit einer solchen Erkältung natürlich wieder krankschreiben lassen würde. Denn es ginge dabei um ihre Gesundheit und die wäre ihr wichtiger als das Unternehmen und die Befindlichkeiten der Chefin.

Die Chefin beschimpft Carmen daraufhin als unkollegial und engstirnig. Währenddessen sagt sich Carmen:

„Das muss ich jetzt einfach aushalten, um zu mir und meinen Bedürfnissen zu stehen.“

Derlei Angriffe standen bereits auf der vorbereiteten Kostenliste. Gedanklich macht sie einen Haken an diesen Kostenpunkt:

„Mir Vorwürfe von meiner Chefin anhören? Bezahlt. Das ist es mir wert."

Auch nach dem Gespräch bleibt die Stimmung angespannt. Wieder ein Punkt, der zu erwarten war und deswegen auf der Kostenliste steht. *„Bezahlt."* Sie lässt sich nicht mehr von der schlechten Laune ihrer Chefin beeinträchtigen.

Am nächsten Tag geht sie mit einem guten Selbstgefühl wieder zur Arbeit. Sie hat ihre eigene Stimmung von der schlechten Stimmung der Chefin entkoppelt. Seitdem ist das Verhältnis zwischen den beiden wesentlich besser! Carmen hat ihre Grenze aufgezeigt. Sie hat jetzt auch keine Angst mehr vor der nächsten Stimmungsschwankung, weil sie nun weiß, wie sie damit umgehen kann.

FAZIT:

Carmen ist einem Konflikt mit ihrer Chefin anfangs aus dem Weg gegangen. Die Kosten dafür waren hoch: schlechte Stimmung, Selbstabwertung, bloßes Aushalten.

Dann hat sie sich vorbereitet, indem sie Argumente sammelte, Gelegenheiten zum Ansprechen ins Auge fasste, mögliche Reaktionen der Chefin durchdachte und eventuell auftretende Konsequenzen berechnete.

Carmen stand zu sich, indem sie eine innere Grenze zog, die nicht mehr von der Chefin überschritten werden durfte. Das Arbeitsklima ist nun deutlich besser. Zudem ist Carmens Selbstwertgefühl gestiegen. Sie wird sich zukünftig nicht mehr auf diese Weise behandeln lassen.

> *„Der Mensch muss sich wagen oder sich Träume und Wertgewinn versagen."*
> S. A. Warwitz

Workshop

Wo kannst du wie Shania noch stärker auf deine
Bedürfnisse achten?

....

....

....

....

Welcher beängstigenden Situation möchtest du dich
stellen so wie Martin?

....

....

....

....

In welcher Situation kannst du wie Steffen deinen
De-Mut beweisen?

....

....

....

....

In welchen Situationen kannst du noch klarer deine
Meinung vertreten so wie Carmen?

....

....

....

....

KAPITEL

WAS, WENN ES SCHIEFGEHT? (TROUBLESHOOTING)

Bei Mutproben kann so allerlei schiefgehen.

*In diesem Kapitel findest du
unsere Antwort auf die Frage:*

„Was, wenn ich es verbockt habe?"

Fall A: Damit du nicht im Duckmaus-Modus verharrst

Angenommen, du würdest deinen Chef gern nach einer Gehaltserhöhung fragen, aber bisher gelang dir das nicht. Was kannst du tun?

FÜHLE DEN SCHMERZ

Spüre mal genau nach, wie es dir geht, nachdem du dich wieder nicht getraut hast. Du wirst wahrscheinlich enttäuscht sein, dich ärgern und bereuen, dass du tatenlos geblieben bist.

Oder erinnere dich an eine Situation, bei der du eine große Chance verpasst hast. Wie fühlte sich das an? Ja, schau richtig hin, spüre den Schmerz. Lass dir die Szene und deine Enttäuschung noch einmal voll durchs Mark fahren.

Wenn du dir das Schmerzgefühl des Kneifens derart wieder präsent machst, steigerst du die Chance, dass in der nächsten ähnlichen Situation nicht nur das bremsende Angst-Gefühl in dir auftaucht, sondern auch die Erinnerung an das Reue-Gefühl der unterlassenen Handlung.

Mit dieser Übung stellst du die Vorher-Nachher-Gefühle gegenüber (> Mut-Mythos 5).

Nicht wenige Menschen drehen auch mehrere solcher Runden des Bereuens. Manchmal ist es so, dass wir ein paar verpatzte Situationen brauchen, bis wir merken, dass wir keine Lust mehr haben, uns schlecht zu fühlen.

VARIIERE

Wenn dir das Level deiner Mutprobe zu hoch ist, **variiere** es. Als Steffen in Asien unterwegs war, traute er sich nicht, große Kakerlaken anzufassen. Die kommen nämlich manchmal nachts ins Zimmer. Wenn er eine sah, quiekte er wie ein Meerschweinchen. Also begann er damit, eine tote Kakerlake auf die Hand zu nehmen. Als Nächstes traute er sich an eine kleine lebendige Schabe ran. Heute findet er sie nach wie vor nicht toll, aber er kann sie besser aushalten als vorher.

Manchmal wollen wir zu viel, aber die Situation ist zu unsicher und die Angst einfach zu groß. Dann gestehe dir ein, dass du noch nicht soweit bist. Wage dich zunächst an Teilbereiche heran. Erkunde das neue Terrain. Specke deine Mutprobe ein wenig ab.

Wenn du auf einem Kongress Angst hast, neue Leute kennenzulernen, dann stelle dich erst einmal zu einem Gesprächskreis dazu und sage noch nichts. Später, wenn du merkst, dass nichts Schlimmes passiert, kannst du ja eine Frage in die Runde geben.

Du kannst auch mal eine Einzelperson fragen, wann der nächste Vortrag beginnt. Mache aus einer großen Mutprobe viele kleine und nähere dich stückweise deinem Ziel.

Oft glauben wir, dass eine Mutprobe auf eine bestimmte Art und Weise erfolgen muss. Doch eine Aktion muss vor allem eins: zu dir passen! Sei ein wenig kreativ, beobachte und lerne durch die Versuche, Fehler, unterschiedlichen Situationen und die Rollenspiele. Nach und nach wirst du einen Ton treffen und Verhaltensstrategien finden, die mit deiner Persönlichkeit übereinstimmen.

SETZE DICH UNTER ZUGZWANG

Eine dritte Möglichkeit, deine Handlungsfähigkeit zu erhöhen, besteht darin, dass du **dich unter Zugzwang setzt**. Schreibe eine Mail an deinen Vorgesetzten und bitte ihn um einen Gesprächstermin nächste Woche. *„Es geht ums Gehalt.“* Wenn du einen Termin vereinbarst, dann nimmst du dir die Möglichkeit zur Flucht. Deine Mutprobe ist dann gesetzt. Fange nicht schon bei der Terminvereinbarung an zu argumentieren. Nenne nur das Thema. Auf diese Weise hat dein Gegenüber Zeit, sich auf das Gespräch vorzubereiten. Sobald du den Termin gesetzt hast, kannst du die hier im Buch

dargestellten Möglichkeiten nutzen, um dich vorzubereiten.

BETRACHTE ES ALS EIN SPIEL

Nimm die lockere Haltung eines Spiels ein. *„Ich will gewinnen, weiß aber, dass ich auch verlieren darf."* Eine solche Haltung macht deine Versuche einfacher.

Du kannst aber auch für deine Mutprobe in **eine andere Rolle** schlüpfen. Du kannst z. B. deine mutige Freundin zum Vorbild nehmen und einfach versuchen, so zu handeln wie sie. Dieser Trick, als jemand anders zu handeln, hilft manchmal enorm, über den eigenen Schatten zu springen.

Fall B: Wenn du über die Stränge geschlagen hast

Jetzt hast du dich schon getraut, deinem Chef zu sagen, dass du mehr Gehalt willst, aber du hast dich in Rage geredet und bist laut geworden. Du hast das Gespräch abgebrochen und bist mit knallender Tür aus dem Büro deines Chefs gelaufen. Rumms. Nachdem du dich beruhigt hast, kommen dir Zweifel, ob du deine Mutprobe auf gute Weise durchgeführt hast. Und schon ist sie da, die erste mentale Selbstbeschimpfung: *„Ich bin aber auch ein Trottel. Wieso habe ich das getan?"*

Auch wenn du bei deiner Mutprobe über die Stränge geschlagen haben solltest, darfst du weiter gut zu dir sein. Wenn du es besser gekonnt hättest, hättest du es sicherlich gemacht. Du standest unter hoher Anspannung und hast dich so verhalten, wie es dir möglich war.

Als Nächstes ist es wichtig, dass du Verantwortung für deinen Fehler übernimmst. Bitte deinen Chef für deine ungehaltene Art um Entschuldigung. An dieser Stelle ist es für dich wichtig zu verstehen, dass du dich für deine Art entschuldigst, nicht für die Sache an sich. Deine Forderung nach einer Gehaltserhöhung bleibt weiter bestehen.

Des Weiteren kannst du dich fragen: *„Welche Rolle spielt dieser Patzer in Bezug auf mein gesamtes Leben?"* Wenn du versuchst, dich in dein Leben in

2, 5 oder 10 Jahren hineinzudenken, wirst du aus dieser langfristigen Perspektive schnell erkennen, dass dein Fehler, der sich gerade riesig anfühlt, eigentlich kein so großes Ding ist, wie dein Gefühlssystem es dir gerade signalisieren will. Aber die Erkenntnisse, die du daraus ziehst, können einen großen Einfluss auf dich haben.

Fall C: Du hast dich zwar getraut, aber ohne Erfolg?

Du telefonierst mit einem Freund, der eine Quasselstrippe ist. Eigentlich hast du nach einer halben Stunde schon keine Lust mehr, hast es jedoch bisher nicht geschafft, das Telefonat von deiner Seite aus zu beenden. Nicht selten kommen deine Telefonate mit ihm erst nach anderthalb Stunden zu einem Ende. Dabei hast du noch andere Dinge zu erledigen.

Dann hast du dich entschieden, eine Mutprobe zu wagen und deinem Freund zu sagen, dass du jetzt auflegen möchtest. Beim nächsten Telefonat sagst du nach einer halben Stunde: *„So, ich muss jetzt auflegen. Ich will noch was einkaufen gehen."* Du traust deinen Ohren nicht, was als Nächstes passiert. Dein Freund spricht einfach weiter.

Resigniert bleibst du dran. Du bist enttäuscht und denkst dir: *„Jetzt mache ich schon eine Mutprobe und sie bringt mir gar nichts."* Nach anderthalb Stunden verabschiedet sich dein Freund mit folgenden Worten: *„War schön zu quatschen. Ich muss jetzt aber auflegen. Ich habe noch ein bisschen was zu tun ..."*

Und du? Denkst du wirklich, dass deine Mutprobe jetzt umsonst war?

Wir glauben, dass sie nicht vergeblich war. Denn jetzt hast du eine echte Erfahrung gesammelt. Manchmal sehen Menschen gar nicht, dass sie einen Schritt gemacht haben. Sie erliegen dem Irrglauben: *„Wenn ich schon Mut beweise, dann muss alles auch sofort klappen!"* Wenn es dann nicht so läuft, haben sie den Eindruck, dass sie nicht von der Stelle kommen. Das frustriert sie. Aber die ersehnten Lorbeeren hängen manchmal höher als gedacht.

Deine Mutprobe, das Gespräch zu beenden, hat noch nicht zum Ziel geführt. Jedoch bist du einen wichtigen Schritt in die richtige Richtung gegangen. Du hast gesagt, was du wolltest.

Ja, dein Kumpel hat es nicht für voll genommen. Jedoch besteht die Herausforderung jetzt nicht mehr darin, ob du überhaupt etwas sagst. Das hast du geschafft! Die nächste Mutprobe besteht darin, dir Gehör zu verschaffen. Deswegen fragst du einen Arbeitskollegen, der sich immer sehr gut und eloquent Gehör verschaffen kann: *„Hallo Herr Schulze, Sie können sich auf gute Weise durchsetzen. Ich habe mich gefragt, ob Sie mir mal einen Tipp für die folgende Situation geben könnten ..."*

Manchmal ist es eben so, dass wir unsere Mutprobe antreten und trotzdem nicht erfolgreich sind. Deine Bewerbung wird abgelehnt, dein Schwarm ist nicht an dir interessiert, jemand anders erhält den Auftrag oder du bekommst keinen Rabatt.

Das kann passieren.

Wir, Steffen und Martin, sind uns einig: Wir haben es nie bereut, wenn wir mutig waren und trotzdem nicht bekamen, was wir wollten.

Denn wir können das Ergebnis einfach nicht zu hundert Prozent sicherstellen (> Mut-Mythos 4). Du kannst nur deinen inneren Widerstand überwinden und mutig sein. Aber das reicht auch aus. Denn sobald du der oder die Beste warst, der oder die du sein konntest, ist das genug! Du kannst stolz auf dich sein und abends reflektieren, was du beim nächsten Versuch besser machen kannst.

Fall D: Du schaffst es einfach nicht

Du hast jedes Kapitel aufmerksam gelesen, alle Übungen schriftlich durchgeführt, dir Hilfe von anderen geholt und auch versucht, mit Variationen deiner Mutprobe zu arbeiten. Und trotzdem will dir kein Fortschritt gelingen?

Dann könnte es sein, dass dir unbewusste Glaubenssätze oder familiäre Verbote im Wege stehen, die eine mächtige emotionale Blockade bei dir aufrechterhalten.

In einem solchen Fall reicht ein Buch mit Selbsthilfe-Tipps manchmal einfach nicht aus, um das Problem zu lösen. Wir empfehlen dir einen Coach, der mit dir an deinem Thema arbeitet. Oft lösen sich solche Blockaden schnell auf, wenn man durch eine andere Person eine Außenperspektive erhält. Und manchmal stellen Menschen fest, dass es sich nicht nur um eine isolierte Blockade handelt, sondern dass sie umfassender an die Problematik herangehen müssten. [6]

---

[6] Schau einfach, ob es einen guten Coach in deiner Nähe gibt. Ein Suchbegriff wäre „systemisches Coaching oder Coach". Wenn dir das zu aufwendig ist, könntest du auch ein Telefon- oder Skype-Coaching bequem von zu Hause aus versuchen. So etwas bietet z.B. auch Steffen manchmal an. Prüfe gern einmal, ob noch ein Termin frei ist: mein-mutbuch.de

Workshop für deine Mutprobe

WENN DU DICH NICHT GETRAUT HAST

Reflektiere, wie du dich gefühlt hast, nachdem du dich nicht getraut hast. Werde dir bewusst, dass du dieses Gefühl wieder erleben wirst, wenn du dich das nächste Mal auch nicht traust. Wie oft erträgst du dieses Gefühl noch, bis du etwas änderst?

....

....

....

Wie kannst du dich auf deine Mutprobe vorbereiten? Was kannst du konkret tun? Wen kannst du um Hilfe bitten? Trainiere deine Mutprobe als Rollenspiel. Tappe dabei nicht in die Falle, das Rollenspiel nur zu durchdenken. Es ist ein RollenSPIEL. Also spiele es durch. Es macht einen großen Unterschied, ob du etwas tatsächlich laut aussprichst und dich in eine Situation wirklich hineinversetzt oder ob du nur in Gedanken über eine Situation sprichst.

....

....

....

Variiere kreativ deine Mutprobe. Welche Abstufungen kannst du finden? Überlege auch gemeinsam mit deinen Freunden.

....

....

....

....

Wie kannst du den Handlungsdruck auf dich erhöhen? Kannst du ein Gespräch ankündigen? Kannst du andere in deinen Plan einweihen, die dann nachfragen? Versprich einem Freund zwanzig Euro, wenn du deine Mutprobe nicht durchziehst. Er wird sich sicherlich bei dir erkundigen. Setze dir Deadlines.

....

....

....

....

Vor welchen Fehlern hast du Sorge? Hätten sie Auswirkungen auf dein ganzes Leben?

....

....

....

Welche Auswirkung hat die Erkenntnis aus deinem Fehler in Bezug auf dein ganzes Leben?
Fehler sind gut, um Zusammenhänge in der Tiefe zu begreifen.

....

....

....

....

WENN DU ÜBER DIE STRÄNGE GESCHLAGEN HAST:

Was genau tut dir leid? Wie kannst du deinem Gegenüber dein Verhalten erklären?
Trenne die Sache (z. B. Gehaltserhöhung) von der Art und Weise (Umgangston) und mache diese Trennung auch deinem Gegenüber deutlich.

....

....

....

....

KAPITEL

DIE 7-MUTPROBEN-CHALLENGE

Neue Perspektiven einzunehmen, kann schon einiges bringen. Doch Mut ist eine Praxis-Fähigkeit.

In diesem Kapitel wirst du sie schulen.

Plädoyer für kleine Mut-Sprints

Mut baust du nicht nur durch große Heldentaten auf. Dein Mut-Mindset und beherzte Handlungen entstehen durch viele kleine Dehnübungen am Rande deiner Komfortzone.

Der Prozess ist dabei nicht linear. Sei dir bewusst, dass es gute und schlechte Tage geben wird. An einigen Tagen gelingt es dir besser, für dich einzustehen, an anderen wirst du dich hinterher wieder über dein (Nicht-)Handeln ärgern.

Sei gewiss: Das ist völlig normal. Das ist ein ganz natürlicher Lernprozess, der sehr oft in Wellenform verläuft. Der Mut-Wissenschaftler Siegbert Warwitz stellt in seinem Buch „Sinnsuche im Wagnis" die Wagniskurve vor. Sie zeigt, wie du durch deine Mutproben immer mehr Sicherheit aufbaust.

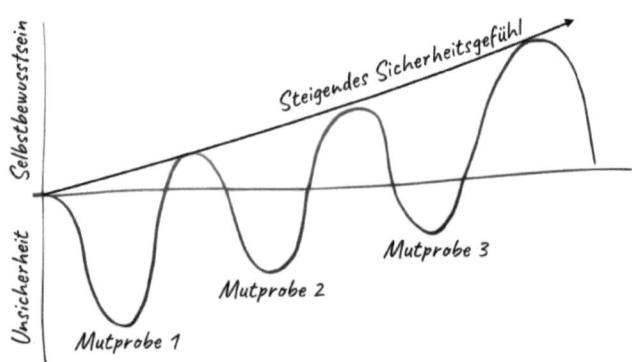

Wichtig ist nur eins: Dass du dranbleibst und dich immer wieder ausprobierst. Und ja, es ist vollkommen okay, wenn du auch mal kneifst und feige bist – solange du die Gründe dafür reflektierst und es dann einfach noch einmal versuchst. Eventuell mit einer etwas anderen Taktik, die besser zu dir passt.

Dieses Reflektieren und Anpassen des Verhaltens sind das A und O beim Lernen. Es gilt das Motto: *„Nach dem Mut ist vor dem Mut!"*

Deswegen laden wir dich ein, dich sieben Tage lang auszuprobieren: mit unserer Mut-Challenge.

DIE SPIELREGELN

1. Suche dir ein bis drei immer wieder auftreten-
    de Situationen heraus, die dich richtig nerven
    oder dir im Wege stehen. Oder nimm deine
    Ausgangssituation vom Anfang des Buches.
    Oder suche dir aus unserem „Spickzettel-Bild"
    zwei Situationen heraus, an denen du üben willst:

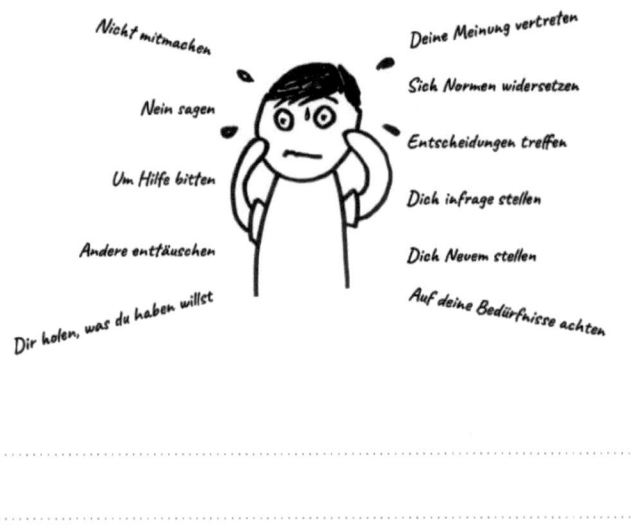

....

....

2. Versuche, insgesamt sieben Mal Mut zu zeigen.

    Die 7-Mutproben-Challenge ist nicht unbe-
    dingt dafür gedacht, an sieben Tagen hinter-
    einander mutig zu sein. Nicht jeder Tag bietet
    sich dir die Gelegenheit dazu, und sicher willst
    du einen Tag auch einfach nur auf der Couch
    liegen. Versuche jedoch, insgesamt sieben Mut-
    proben schriftlich zu reflektieren.

3. Betrachte unsere Vorlagen auf den nächsten Seiten als kleine Anregung. Du musst nicht viel schreiben. Es reicht schon, wenn dir die Vorlagen dabei helfen, für fünf bis zehn Minuten einfach strukturiert über deine Mutprobe nachzudenken. Was hat funktioniert? Was hat nicht funktioniert? Was lernst du daraus?

4. **Erst durchführen, dann beurteilen.** Versuche nicht, deine 7-Mutproben-Challenge nur zu durchdenken. Das bringt nichts. Sie nur geistig zu durchsteigen, wird bei weitem nicht die Tiefe entwickeln, wie es die Erfahrung ermöglicht. Praktisches Tun stimuliert nämlich dein Gehirn stärker. Es heißt ja auch nicht umsonst: *„Probieren geht über Studieren."* Die meisten Menschen sitzen dem Irrglauben auf, dass sie Übungen allein mit Durchdenken verstehen könnten. Es ist ja auch viel einfacher und geht schneller, als echte Erfahrungen zu machen. Aber es ist ein Trugschluss, dass du beim reinen Nachdenken die gleiche Lernerfahrung haben wirst. Auch wir, Steffen und Martin, glauben manchmal, es würde reichen, eine Übung lediglich zu durchdenken. Aber wir entscheiden uns dann doch, sie durchzuführen und kommen jedes Mal wieder zum selben Resultat. Wir können die Übung und den Output erst beurteilen, nachdem wir die Übung bewältigt haben. **Es ist uns an dieser Stelle sehr wichtig, das noch einmal zu betonen.**

Unser Vorschlag: Nimm dir deswegen genug Zeit. Fange auch kein neues Buch an. Bleib hier dran, bis du sieben Mutproben durchgeführt hast. Dann reflektiere, was dir die Challenge gebracht hat.

UNTERSTÜTZUNG FÜR DEINE 7-MUTPROBEN-CHALLENGE

Trage deine E-Mail auf **MEIN-MUTBUCH.DE** ein, um von uns E-Mail- und Video-Ermutigung zu erhalten.

Du erhältst:

1. Ermutigung für deine 7-Mutproben-Challenge

2. Interviews: Wie Steffen und Martin an Mutproben herangehen

3. Erklärungen zu den Übungen

„Die Praxis muss sich der Theorie stellen, aber die Theorie auch der Praxis.“
Bernd Taglieber

Challenge 1

RÜCKSCHAU (MÖGLICHST WERTFREI BITTE):

Was war die Herausforderung – warum wolltest du sie wagen?
Was war der Preis, den du nicht mehr zahlen wolltest?

....

....

....

....

Wie hast du dich
vorbereitet?

Was hast du während deiner
Mutprobe gemacht? Gab es
Abweichungen?

....

....

....

....

Wie ging es dir anfangs – nach der Vorbereitung – bzw.
während der Mutprobe und danach?

....

....

....

WERTE AUS

Welche (auch kleinsten) Fortschritte/Erkenntnisse hast du
erzielt? Denk dran: Jede noch so kleine Veränderung im
Denken oder Handeln ist ein Schritt in die richtige Richtung!

....

....

....

Wofür gibst du dir ein
Kompliment?
Was verzeihst du dir?
(Sei lieb zu dir, lobe dich für
das, was erreicht wurde!)

Was würde ein guter Freund
zu der Situation sagen?

....

....

....

....

Dein Fazit / Was wirst du beim nächsten Mal ändern?

....

....

....

Challenge 2

RÜCKSCHAU (MÖGLICHST WERTFREI BITTE):

Was war die Herausforderung – warum wolltest du sie wagen?
Was war der Preis, den du nicht mehr zahlen wolltest?

....

....

....

....

Wie hast du dich vorbereitet?	Was hast du während deiner Mutprobe gemacht? Gab es Abweichungen?

Wie ging es dir anfangs – nach der Vorbereitung – bzw.
während der Mutprobe und danach?

....

....

....

WERTE AUS

Welche (auch kleinsten) Fortschritte/Erkenntnisse hast du erzielt? Denk dran: Jede noch so kleine Veränderung im Denken oder Handeln ist ein Schritt in die richtige Richtung!

....

....

....

Wofür gibst du dir ein Kompliment?
Was verzeihst du dir?
(Sei lieb zu dir, lobe dich für das, was erreicht wurde!)

Was würde ein guter Freund zu der Situation sagen?

....

....

....

....

Dein Fazit / Was wirst du beim nächsten Mal ändern?

....

....

....

Challenge 3

RÜCKSCHAU (MÖGLICHST WERTFREI BITTE):

Was war die Herausforderung – warum wolltest du sie wagen?
Was war der Preis, den du nicht mehr zahlen wolltest?

....

....

....

....

Wie hast du dich
vorbereitet?

Was hast du während deiner
Mutprobe gemacht? Gab es
Abweichungen?

....

....

....

....

Wie ging es dir anfangs – nach der Vorbereitung – bzw.
während der Mutprobe und danach?

....

....

....

WERTE AUS

Welche (auch kleinsten) Fortschritte/Erkenntnisse hast du
erzielt? Denk dran: Jede noch so kleine Veränderung im
Denken oder Handeln ist ein Schritt in die richtige Richtung!

....

....

....

Wofür gibst du dir ein Kompliment? Was verzeihst du dir? (Sei lieb zu dir, lobe dich für das, was erreicht wurde!)	Was würde ein guter Freund zu der Situation sagen?

Dein Fazit / Was wirst du beim nächsten Mal ändern?

....

....

....

Challenge 4

RÜCKSCHAU (MÖGLICHST WERTFREI BITTE):

Was war die Herausforderung – warum wolltest du sie wagen?
Was war der Preis, den du nicht mehr zahlen wolltest?

....

....

....

....

Wie hast du dich vorbereitet?	Was hast du während deiner Mutprobe gemacht? Gab es Abweichungen?
....	....
....	....
....	....
....	....

Wie ging es dir anfangs – nach der Vorbereitung – bzw.
während der Mutprobe und danach?

....

....

....

WERTE AUS

Welche (auch kleinsten) Fortschritte/Erkenntnisse hast du
erzielt? Denk dran: Jede noch so kleine Veränderung im
Denken oder Handeln ist ein Schritt in die richtige Richtung!

....

....

....

Wofür gibst du dir ein Kompliment? Was verzeihst du dir? (Sei lieb zu dir, lobe dich für das, was erreicht wurde!)	Was würde ein guter Freund zu der Situation sagen?

....

....

....

....

Dein Fazit / Was wirst du beim nächsten Mal ändern?

....

....

....

Challenge 5

RÜCKSCHAU (MÖGLICHST WERTFREI BITTE):

Was war die Herausforderung – warum wolltest du sie wagen?
Was war der Preis, den du nicht mehr zahlen wolltest?

....

....

....

....

Wie hast du dich vorbereitet?	Was hast du während deiner Mutprobe gemacht? Gab es Abweichungen?
....	....
....	....
....	....
....	....

Wie ging es dir anfangs – nach der Vorbereitung – bzw. während der Mutprobe und danach?

....

....

....

WERTE AUS

Welche (auch kleinsten) Fortschritte/Erkenntnisse hast du
erzielt? Denk dran: Jede noch so kleine Veränderung im
Denken oder Handeln ist ein Schritt in die richtige Richtung!

....

....

....

Wofür gibst du dir ein Kompliment? Was verzeihst du dir? (Sei lieb zu dir, lobe dich für das, was erreicht wurde!)	Was würde ein guter Freund zu der Situation sagen?
....	....
....	....
....	....
....	....

Dein Fazit / Was wirst du beim nächsten Mal ändern?

....

....

....

Challenge 6

RÜCKSCHAU (MÖGLICHST WERTFREI BITTE):

Was war die Herausforderung – warum wolltest du sie wagen?
Was war der Preis, den du nicht mehr zahlen wolltest?

....

....

....

....

Wie hast du dich vorbereitet?	Was hast du während deiner Mutprobe gemacht? Gab es Abweichungen?

....

....

....

....

Wie ging es dir anfangs – nach der Vorbereitung – bzw.
während der Mutprobe und danach?

....

....

....

WERTE AUS

Welche (auch kleinsten) Fortschritte/Erkenntnisse hast du
erzielt? Denk dran: Jede noch so kleine Veränderung im
Denken oder Handeln ist ein Schritt in die richtige Richtung!

....

....

....

Wofür gibst du dir ein
Kompliment?
Was verzeihst du dir?
(Sei lieb zu dir, lobe dich für
das, was erreicht wurde!)

Was würde ein guter Freund
zu der Situation sagen?

....

....

....

....

Dein Fazit / Was wirst du beim nächsten Mal ändern?

....

....

....

Challenge 7

RÜCKSCHAU (MÖGLICHST WERTFREI BITTE):

Was war die Herausforderung – warum wolltest du sie wagen?
Was war der Preis, den du nicht mehr zahlen wolltest?

....

....

....

....

Wie hast du dich vorbereitet?	Was hast du während deiner Mutprobe gemacht? Gab es Abweichungen?
....	....
....	....
....	....
....	....

Wie ging es dir anfangs – nach der Vorbereitung – bzw.
während der Mutprobe und danach?

....

....

....

WERTE AUS

Welche (auch kleinsten) Fortschritte/Erkenntnisse hast du erzielt? Denk dran: Jede noch so kleine Veränderung im Denken oder Handeln ist ein Schritt in die richtige Richtung!

....

....

....

Wofür gibst du dir ein Kompliment?
Was verzeihst du dir?
(Sei lieb zu dir, lobe dich für das, was erreicht wurde!)

Was würde ein guter Freund zu der Situation sagen?

....

....

....

....

Dein Fazit / Was wirst du beim nächsten Mal ändern?

....

....

....

Auswertung 7-Mutproben-Challenge

Du hast deine sieben Mutproben hinter dich gebracht? Super!

Gratulation.

Nun gilt es, noch einmal zu reflektieren:

Wie fühlst du dich in Bezug auf deine sieben Mutproben?

....

....

....

....

Was hast du gelernt?

....

....

....

....

Selbsttest II

Nun lass uns eine neue Bestandsaufnahme machen: Bewerte jetzt noch einmal, wie du deinen Mut in folgenden Situationen einschätzt:

Die Skala ist dieselbe wie vorher:

1 = Minimum. „Ich sehe mich überhaupt nicht als mutig an." (= „Duckmaus-Feeling")

10 = Maximum. „Ich fühle mich mutig wie ein Löwe."

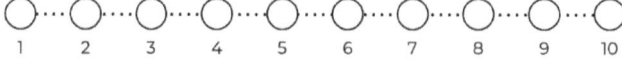

↑ *Bin eine totale Duckmaus*   *Bin ein muterbrobter Löwe* ↑

---

1. Was denkst du – ganz allgemein – wie mutig du bist?

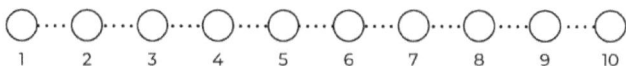

2. Traust du dir zu, dich Neuem zu stellen?

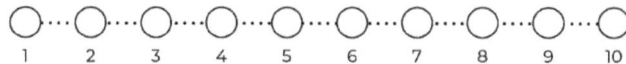

3. Wie gut kannst du deine Meinung vertreten?

○ ··· ○ ··· ○ ··· ○ ··· ○ ··· ○ ··· ○ ··· ○ ··· ○ ··· ○
1   2   3   4   5   6   7   8   9   10

4. Wie gut kannst du Nein sagen (im Beruf)?

○ ··· ○ ··· ○ ··· ○ ··· ○ ··· ○ ··· ○ ··· ○ ··· ○ ··· ○
1   2   3   4   5   6   7   8   9   10

5. Wie gut kannst du Nein sagen (im Privaten)?

○ ··· ○ ··· ○ ··· ○ ··· ○ ··· ○ ··· ○ ··· ○ ··· ○ ··· ○
1   2   3   4   5   6   7   8   9   10

6. Traust du dich, andere um Hilfe zu bitten?

○ ··· ○ ··· ○ ··· ○ ··· ○ ··· ○ ··· ○ ··· ○ ··· ○ ··· ○
1   2   3   4   5   6   7   8   9   10

7. Kannst du dich gut bei anderen entschuldigen?

○ ··· ○ ··· ○ ··· ○ ··· ○ ··· ○ ··· ○ ··· ○ ··· ○ ··· ○
1   2   3   4   5   6   7   8   9   10

8. Traust du dir zu, dich selbst infrage zu stellen?

○ ··· ○ ··· ○ ··· ○ ··· ○ ··· ○ ··· ○ ··· ○ ··· ○ ··· ○
1   2   3   4   5   6   7   8   9   10

9. Wie sehr traust du dir zu, etwas anders zu machen als andere?

○ ··· ○ ··· ○ ··· ○ ··· ○ ··· ○ ··· ○ ··· ○ ··· ○ ··· ○
1   2   3   4   5   6   7   8   9   10

10. Wagst du zu tun, was „endlich mal" getan werden muss?

○ ··· ○ ··· ○ ··· ○ ··· ○ ··· ○ ··· ○ ··· ○ ··· ○ ··· ○
1   2   3   4   5   6   7   8   9   10

11. Traust du dir zu, Leute möglicherweise zu enttäuschen?

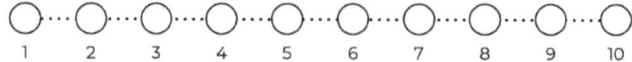

12. Wie gut kannst du dir das holen, was du vom Leben haben möchtest?

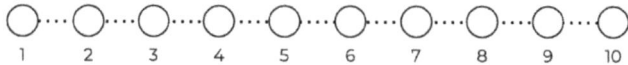

13. Wie gut kannst du „nicht mitmachen", wenn Druck auf dich ausgeübt wird?

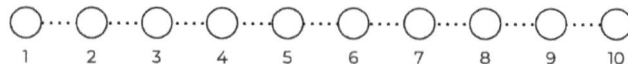

Nun vergleiche das Ergebnis mit dem Beginn des Buchs: Hat sich etwas verändert? Und wenn ja: Was? Wo bist du weitergekommen? Was soll die nächste Situation sein, die du fokussieren willst?

Mut to go!
Unsere Kerngedanken auf einen Blick:

Steig in unseren Helikopter, lass uns noch einmal über die Seiten fliegen und schauen, was wir alles geschafft haben:

1. Kapitel „Wozu brauchst du Mut?":

Wir starteten mit einem Selbsttest und einer Zielbestimmung. Mut bedeutet, trotz unbequemer Gefühle das zu tun, was du als richtig erkannt hast. In Situationen, in denen du untersicher bist, kannst du Mut beweisen, in übersicheren Situationen De-Mut.

2. Kapitel „Die sechs Mut-Mythen":

In diesem Kapitel haben wir uns den Mut-Mythen gestellt. Du brauchst keine Heldentaten vollbringen, um mutig zu sein, denn du bist es schon. Mut benötigst du ständig. Das größere Risiko liegt in Mutlosigkeit. Mutlose müssen mehr unangenehme Gefühle aushalten als Mutige. „Der Meister hat schon mehr Fehler gemacht als der Novize Versuche."

3. Kapitel „Was dich Un-Mut wirklich kostet":

Dort hast du gelernt, dass wir zwar keine absolute Kontrolle herstellen können. Wir können jedoch unsere Umgebungsbedingungen so beeinflussen, dass das Risiko sinkt und die Wahrscheinlichkeit unseres Erfolgs steigt. Du hast auch gelernt, dass du immer einen Preis zahlst. Die höchsten Kosten hast du, wenn du unentschlossen bleibst.

4. Kapitel „Unbequeme Gefühle in den Griff bekommen":

In Kapitel 4 haben wir deine Gefühle mikroskopiert. Angst warnt dich vor Gefahren in der Zukunft. Entscheide, ob es sich um eine Phantasie handelt oder eine reale Gefahr. Scham gibt es gratis dazu, wenn du dich entwickelst. Das Gefühl von „Das bin nicht ich" - bist nicht du. Du weißt jetzt, dass Gefühle Bewegungen in deinem Körper sind. Diese Bewegungen kannst du beobachten. Dadurch akzeptierst du sie und unangenehme Gefühle lösen sich auf. Gelassenheit entsteht.

5. Kapitel „Praktische Fallstudien zum Nach-machen":

Wir haben dir vier geglückte Herausforderungen geschildert. Wir begaben uns in den Dschungel der Bürowelt, wir fuhren in den dunklen Wald und bewiesen Demut auf einem Vulkan. Was hat dich am meisten inspiriert? Welche Erfolgsgeschichte willst du nun selbst schreiben?

6. Kapitel „Was, wenn es schiefgeht?":

Hier haben wir beleuchtet, dass bei Mutproben auch etwas schiefgehen kann, und dir gesagt, was du dann machen kannst. Manchmal braucht es mehr Vorbereitung oder eine spielerische Abwandlung. Manchmal braucht es mehr Durchsetzungskraft und manchmal auch eine Entschuldigung. Wir haben besprochen, dass du manchmal auch mehrere Anläufe benötigst, bis du dein Ziel erreichst. Jedoch jeder kleine Fortschritt zählt.

7. Kapitel „Die 7-Mutproben-Challenge":

Dieses Kapitel gab dir die Möglichkeit, deinen Mut auf die Probe zu stellen. In sieben Reflexionen konntest du dich kennenlernen und dein Bewusstsein darauf trainieren, Fortschritte und Lerneinheiten aus jeder Mutprobe mitzunehmen.

Hier unser besonderer Service

Wir hoffen, dass wir dir neue Impulse bieten konnten und dass du Freude an unserem Buch hattest.

Falls dir noch etwas fehlen sollte, kannst du mit uns direkt in Kontakt treten. Auf **mein-mutbuch.de** beantworten wir persönlich deine Fragen, Kritiken, Anregungen und Komplimente.

Wir haben **einen besonderen Service für unsere Leser**, die „Mut-Mails". Das ist unser Inspirations-Useletter, der dich mit nützlichem Gedankenfutter versorgt. Mit den Mut-Mails erhältst du:

1. Weitere Fallbeispiele von gelungenen Mutproben und Vertiefungen zu diesem Buch

2. Videos und PDF-Übungen, um noch mutiger zu werden

3. Infos über Weiterbildungen zu Psychologie und Lernen

4. Learnings der Autoren, die du sonst nirgends findest

5. Mut-Checklisten

Der Useletter ist kostenfrei. Mit einem Klick am Ende jeder E-Mail kannst du dich jederzeit wieder abmelden. Hier kannst du dich eintragen:

mein-mutbuch.de

Wir wünschen dir viel Spaß beim mutig sein!

&

PS: Eine Bitte haben wir noch ...

Für dich haben wir über zwei Jahre lang an diesem Buch gedacht, geschrieben, verbessert und gezeichnet. Auch wenn Bücher leider nicht sehr profitabel sind – wir schreiben sie dennoch! Denn es ist uns ein Anliegen, Gelerntes in Worte und eine Struktur zu packen und anderen Menschen zur Verfügung zu stellen.

Wir sind unabhängige Autoren und haben keinen großen Verlag im Rücken, der uns fördert. Daher würden wir uns freuen, wenn du uns bei der Verbreitung unserer Ideen unterstützen könntest. Hat dir das Buch geholfen? Dann flüstere es doch bitte weiter:

1. Schreibe eine kurze Rezension auf Amazon. Schreibe z. B. einfach, welche Idee dir geholfen hat oder welches Thema dich besonders betrifft. Zwei bis drei Sätze reichen schon völlig.
   Diese Rezensionen sind enorm wichtig für uns Autoren. Du kennst das sicher selbst, dass du vor einem Kauf auch immer in die Beurteilungen schaust.

2. Erzähle Freunden von dem Buch oder verschenke deins weiter.

ALLES WEITERE

*Hier kannst du dich noch ein wenig über Steffens
und Martins weitere Projekte schlaumachen.*

Man nennt das auch Eigenwerbung.

Steffen Raebricht

 ... ist ehemalige Führungskraft der Bundeswehr (Offizier) und studierte Bildungs- und Erziehungswissenschaften (M. A.) in Hamburg.

Er ist Universitäts-Dozent (UT-Dallas), Heilpraktiker für Psychotherapie, NLP-Trainer (DVNLP), Transaktionsanalytischer Berater (DGTA) und Hobbyimker. Steffen hat eine zweijährige Weltreise unternommen, über 40 Länder bereist und lebt heute in Magdeburg. Er hilft Menschen dabei, ihre Kommunikationsfähigkeiten zu entwickeln.

STEFFENS USELETTER

Wie erfolgreich du sein wirst, hängt davon ab, wie gut du kommunizieren kannst. Mit dir und mit anderen. Denn allein durch Kommunikation können wir uns anderen mitteilen, unsere Bedürfnisse und Wünsche zum Ausdruck bringen und Kooperationen förderlich gestalten. Oder eben auch nicht. In Steffens Useletter lernst du, worauf es beim Kommunizieren ankommt. Du lernst anwendungstaugliche Konzepte, die du in deinem beruflichen und privaten Alltag einsetzen kannst. Mit Steffens Useletter entwickelst du deine kommunikativen Fähigkeiten.

SteffenRaebricht.de

DICH UND PSYCHISCHE DYNAMIKEN BESSER VERSTEHEN – BÜCHER VON STEFFEN:

Überarbeitet? Erschöpft? Lustlos? Wo siehst Du Dich in fünf Jahren, wenn du so weitermachst wie bisher? Immer mehr Menschen steuern durch **Stress im Alltag**, scheinbar ahnungslos, auf eine gefährliche Falle zu.

Burnout vorbeugen ist ein **Praxisbuch**. Du willst mehr Energie und Ausgeglichenheit und weniger Stress? Dann bist Du eingeladen, Dich neu zu entdecken und umzulenken.

Stress mit dem Kollegen? Beziehungs-Drama mit dem Partner? In „No More Drama in deinen Beziehungen" enthüllt Steffen ein **ungesundes Konfliktmuster zwischen Menschen**, das Drama-Dreieck.

Du erfährst, warum es in unserer Gesellschaft allgegenwärtig ist und was du tun kannst, um auszusteigen. So verhilfst du deinen Beziehungen zu einem Sprung nach vorn.

Martin Krengel

 … ist Autor, Blogger und Unternehmer mit Herzblut. Er will dir mit seiner Arbeit helfen, deine Talente und Träume zu entwickeln.

In seinen Büchern und Kursen gewährt er dir einen ehrlichen Einblick, wie er es schafft, nach eigenen Standards zu leben und zu arbeiten. All seine Konzepte sind selbst getestet und orientieren sich an den wahren Bedürfnissen seiner Leser.

Martin studierte Wirtschaft und Psychologie, schrieb mehrere Bestseller und promovierte über „Zuvielitis". Seit seiner Weltreise lebt er als moderner Nomade in Lateinamerika, Asien und Berlin. Der begeisterte Kunstturner, Unternehmer und Redner liebt es, auch mal grünäugig und barfuß durch die Welt zu laufen – selbst, wenn es unvernünftig erscheint.

MARTINS USELETTER

Martin sendet dir gern in seinem Newsletter „Brain Update" neue und wichtige Impulse, mit denen du besser denken, lesen, lernen und

deine Zeit clever nutzen kannst:

Anmeldung >> **www.studienstrategie.de**

BÜCHER MIT HERZ:

Die „Golden Rules" bündeln die **50 wichtigsten Selbstmanagement-Konzepte**. Sie schärfen dein Selbstvertrauen, steigern deine Konzentration und entlasten deine Zeit. Ein nützliches Survival-Handbuch, das in keinem Bücherregal fehlen sollte.

Die „Bestnote" ist eine wichtige Gebrauchsanleitung für dein Gehirn. Sie vermittelt lebhaft die besten Techniken, mit denen du **schneller lesen** und **effektiver lernen** kannst. Erfahre, worauf es in Prüfungen wirklich ankommt, und werde deine Prüfungsangst endlich los.

Wie Leben? Was tun? Welcher Job? Wer bin ich? „Dein Ziel ist im Weg" zeigt, wie du mit großen Entscheidungen einfacher umgehen kannst. Lerne, deine Träume, Wünsche und Ziele BEHERZT anzupacken – selbst, wenn sie dir noch Angst machen.

Einmal im Leben richtig mutig sein. Einmal frei sein. Nur das zu tun, was DU wirklich willst. Martin hat es gewagt und gemerkt: Reisen bewegt – Beine UND Kopf. Reisen fördert und fordert.
Reisen ist ein Persönlichkeits-Turbo! Kommst du ein Stück mit?

Weitere Bücher, Leseproben und Wachrüttler unter:
studienstrategie.de/buecher

Danke!

An:

- Bernd Taglieber (berndtaglieber.de) & Sebastian Kaiser (fitnesskaiser.com) für das inhaltliche Feedback

- Britta Sösemann, Olivia Kuderewski, Rabea Scholz & Kathrin Andreas (mooleos.com) fürs Lektorieren

- Markus Günther (ernst3000.com) für das Cover

- Anne Hennig (annehennig.de) & Shania Timpe (shaniatimpe.de) fürs Setzen des Layouts

- Unsere Beispiel- und Feedbackgeber

Bevor du gehst, bitte nicht vergessen:

Ergänzend zum Buch gibt es einen hilfreichen Useletter: „Mut per Mail". Dort senden wir dir Impulse, Videos und nützliche Downloads (z. B. erfolgreiche Mutproben).

Mein-mutbuch.de

Besuche uns gern im Netz:

- SteffenRaebricht.de

- MartinKrengel.com

Impressum

2020 Steffen Raebricht & Martin Krengel

Herausgeber:	Steffen Raebricht – Einzelunternehmen Zwischen den Linden 8, 39171 Sülzetal support@taplus.de
Autoren:	Steffen Reabricht, Martin Krengel
Cover & Illustration:	Markus Günther, Anne Hennig
Korrektorat:	Britta Sösemann, Olivia Kuderewski, Kathrin Andreas
weitere Mitwirkende:	Bernd Taglieber, Sebastian Kaiser, Shania Timpe